Sonidos de Fe

La Música en la Educación Primaria y su relación con la Religión Católica

Enrique Guardiola Jiménez

Sonidos de Fe

ISBN Libro en papel: 978-84-685-8432-4
ISBN eBook en PDF: 978-84-685-8433-1

Impreso en España

Editado por Bubok Publishing S.L

A mi amada esposa, compañera fiel en este camino de fe y vida, cuyo apoyo constante y amor incondicional me han inspirado a lo largo de este proyecto.

A mi querida hija, cuya inocencia y alegría me recuerdan cada día la importancia de sembrar semillas de fe en los corazones más jóvenes, para que puedan crecer en el amor de Dios.

Y a mis padres, especialmente a mi madre por haberme transmitido la fe y la pasión por la enseñanza.

Que este libro sea una ofrenda humilde, guiada por el Espíritu Santo, para todos aquellos que buscan nutrir la fe de los más pequeños a través del lenguaje universal de la música.

Índice

Introducción 1

Justificación 4

Capítulo 1: La Educación Musical en la Infancia 7

Capítulo 2: La Música y la Fe en la Educación Católica 29

Capítulo 3: El Canto Litúrgico como Herramienta Pedagógica 41

Capítulo 4: La Música como Expresión de la Fe en las
Celebraciones Escolares 53

Capítulo 5: Espiritualidad a través del canto 67

Capítulo 6: Propuestas Didácticas 75

Conclusión 87

Bibliografía 93

Introducción

La música ha sido, a lo largo de la historia, un lenguaje universal capaz de transmitir emociones, unir culturas y elevar el espíritu humano. Desde los primeros cantos gregorianos en la liturgia cristiana hasta los himnos contemporáneos, la música ha jugado un papel fundamental en la vida de la Iglesia y en la experiencia espiritual de los creyentes. En el contexto de la educación primaria, la música ofrece una oportunidad única para enseñar no solo habilidades artísticas y cognitivas, sino también para fomentar el crecimiento espiritual y moral de los niños.

Este libro surge de la convicción de que la educación musical puede y debe ser un vehículo para la formación integral de los estudiantes, especialmente en una escuela católica. En un mundo que a menudo está marcado por la fragmentación y la desconexión, la música puede ser una herramienta poderosa para ayudar a los niños a experimentar la unidad y el sentido de comunidad, tanto con sus compañeros como con Dios. En el aula, la música no solo desarrolla competencias técnicas, sino que también abre caminos para la interiorización de valores como el respeto, la empatía y la espiritualidad.

El objetivo de este libro es proporcionar a los maestros de educación primaria, catequistas y educadores católicos en general, un recurso práctico y reflexivo sobre cómo integrar la música en su enseñanza de la fe. A lo largo de sus capítulos, exploraremos el impacto de la música en el desarrollo infantil, el papel del canto litúrgico, las oportunidades que ofrece la tecnología musical para el aprendizaje, y cómo evaluar el crecimiento tanto musical como espiritual de los estudiantes.

No se trata solo de enseñar a los niños a cantar o a tocar un instrumento, sino de ofrecerles una experiencia que les permita vivir y sentir su fe de una manera más profunda. A través de canciones que transmiten mensajes de esperanza, amor y gratitud, los estudiantes pueden conectar sus aprendizajes musicales con los valores cristianos que guían sus vidas.

Este libro también está orientado hacia aquellos educadores que buscan fomentar un ambiente de creatividad y espiritualidad en el aula. Las propuestas didácticas que aquí se presentan buscan estimular la participación activa de los estudiantes, incentivando no solo su desarrollo técnico, sino también su capacidad de reflexión y de encuentro con lo sagrado. Cada actividad está diseñada para que la música no sea simplemente un entretenimiento o una habilidad más en el currículo, sino una verdádera herramienta para la enseñanza y vivencia de la fe.

La educación católica no puede desligarse de la formación del espíritu. Al ofrecer a los niños una educación musical que integre la fe, estamos ayudándoles a desarrollar una sensibilidad hacia lo trascendente, un respeto por lo divino, y una mayor comprensión de su propia espiritualidad. Este libro es una invitación a todos los educadores a descubrir la riqueza que la música ofrece en la formación cristiana, y a utilizarla como un medio para acercar a los niños a Dios, a través de la belleza y el arte.

En las páginas que siguen, exploraremos diversas formas en las que la música y la espiritualidad pueden entrelazarse para crear una experiencia educativa significativa y transformadora para los niños. Desde los cantos litúrgicos hasta la improvisación musical, desde la reflexión personal hasta la participación comunitaria, cada propuesta busca ayudar a los estudiantes a encontrar en la música un espacio para vivir su fe y compartirla con los demás.

Espero que este libro inspire a los maestros y catequistas a ver la música como algo más que una asignatura, y a descubrir su potencial como una herramienta poderosa para la evangelización y el crecimiento espiritual de los más pequeños.

Justificación

El presente libro, **"Sonidos de Fe: La Música en la Educación Primaria y su Relación con la Religión Católica"**, surge de una necesidad pedagógica y pastoral. En un mundo en constante cambio, donde los valores espirituales a menudo se ven desplazados por las exigencias de un estilo de vida acelerado, se vuelve esencial proporcionar a los niños espacios y herramientas que les permitan conectar con su dimensión trascendental. En este contexto, la música se presenta como un recurso privilegiado para enseñar no solo contenidos académicos, sino también valores profundos y universales como la fe, el amor y la esperanza.

La música ha desempeñado un papel central en la tradición cristiana desde sus primeros siglos. Los cantos litúrgicos, los himnos y la música sacra han sido, y continúan siendo, una forma poderosa de expresar la fe, transmitir el mensaje de salvación y unir a la comunidad en torno a la Eucaristía. Este legado musical, rico y variado, no solo es patrimonio de la Iglesia, sino una fuente de inspiración y crecimiento espiritual para los fieles. En el ámbito educativo, la música puede desempeñar un papel similar al ayudar a los estudiantes a interiorizar los valores del Evangelio de una manera viva y significativa.

En el entorno de la educación primaria, donde los niños se encuentran en una etapa crucial de su desarrollo emocional, social y espiritual, la música ofrece una vía única para promover su formación integral. El uso adecuado de la música en el aula no solo desarrolla habilidades cognitivas, como la memoria, la concentración y el razonamiento lógico, sino que también favorece el desarrollo de la sensibilidad espiritual, el sentido de comunidad y el encuentro con Dios.

Este libro pretende llenar un vacío en la literatura pedagógica católica, proporcionando a los maestros y educadores una guía práctica y fundamentada para integrar la música en su enseñanza de la fe. La mayoría de los enfoques actuales sobre educación musical en las escuelas tienden a centrarse en los aspectos técnicos y artísticos, dejando de lado el componente espiritual que puede enriquecer enormemente la experiencia de aprendizaje. Sin embargo, en una escuela católica, la educación no puede limitarse a lo técnico o académico; debe incluir una formación en valores que permita a los estudiantes crecer como personas completas, conscientes de su relación con Dios y con los demás.

A través de este libro, se ofrece una justificación sólida de por qué la música, en particular en el contexto de la educación católica, es un medio eficaz para transmitir los principios de la fe y para fomentar un ambiente de reflexión, oración y alabanza en el aula. La música tiene una capacidad única para mover el alma y para crear un espacio en el que los niños puedan experimentar lo sagrado de manera tangible. Enseñar a los niños a cantar, a tocar instrumentos y a apreciar la belleza de la música litúrgica es, en muchos sentidos, enseñarles a rezar con el corazón.

Además, este libro se justifica en la necesidad de ofrecer propuestas didácticas que no solo sean creativas y participativas, sino que también estén alineadas con los principios de la fe católica. La educación musical no debe verse como un objetivo en sí mismo, sino como un medio para formar corazones abiertos a la gracia de Dios. A través de las actividades y propuestas que aquí se presentan, los maestros podrán guiar a sus estudiantes no solo hacia el aprendizaje técnico de la música, sino hacia una vivencia profunda de su fe.

El libro también responde a la creciente demanda de recursos pedagógicos que ayuden a los maestros a integrar la fe en todas las áreas del currículo. En un momento en el que muchas escuelas se enfrentan al reto de ofrecer una educación integral, donde la formación en valores cristianos no se limite a la hora de religión o a la catequesis, es necesario que los maestros dispongan de herramientas concretas para llevar la fe al aula de manera transversal. Este libro es una respuesta a esa necesidad, proporcionando estrategias y actividades que permiten a los maestros incorporar la música religiosa en el día a día del aula.

Finalmente, este libro es una contribución al diálogo entre la fe y la cultura, un diálogo que es fundamental en la misión de la Iglesia. A través de la música, los estudiantes pueden descubrir la riqueza cultural de la tradición cristiana, apreciar la belleza de la liturgia y fortalecer su identidad como miembros de la comunidad de fe. La música, como expresión artística y espiritual, no solo enriquece la vida de los individuos, sino que también contribuye al bien común, promoviendo la paz, la solidaridad y el respeto mutuo.

En resumen, la justificación de este libro radica en su propósito de ofrecer una herramienta valiosa para los educadores católicos que buscan formar a sus estudiantes de manera integral, a través de la música y la fe. La integración de la música en la enseñanza de la religión no es solo una cuestión pedagógica, sino una verdadera misión espiritual, una oportunidad para acercar a los niños a la experiencia del amor de Dios a través de la belleza y la armonía de los sonidos que elevan el alma.

Capítulo 1: La Educación Musical en la Infancia

La música como herramienta de desarrollo integral en la infancia

El papel de la música en el desarrollo infantil va más allá de lo cognitivo: es un catalizador de habilidades sociales, emocionales y físicas. La exposición temprana a actividades musicales fomenta en los niños el desarrollo de habilidades de comunicación, ya que la música les brinda un lenguaje adicional para expresarse. Los niños que participan en actividades musicales, especialmente en un entorno colaborativo como un coro o un conjunto instrumental, mejoran su capacidad para trabajar en equipo, fortalecen la empatía y desarrollan un sentido de disciplina y compromiso.

La relación entre música y motricidad es otro aspecto clave. Al tocar instrumentos o moverse al ritmo de la música, los niños mejoran su coordinación motriz fina y gruesa. Estas habilidades motoras no solo tienen implicaciones inmediatas en la interpretación musical, sino que también contribuyen al desarrollo general del niño, como su capacidad para escribir, dibujar o realizar actividades deportivas.

Además, la música tiene un impacto positivo en la regulación emocional. A través de la música, los niños pueden explorar emociones de una manera segura y controlada. Cantar o tocar un instrumento les permite procesar sentimientos complejos, como la tristeza o el miedo, y expresar alegría o entusiasmo. Este proceso de autoexpresión es esencial para el bienestar emocional y contribuye a una mayor estabilidad emocional en la infancia.

Principios de enseñanza musical en la educación primaria

En la educación primaria, la enseñanza musical debe estar centrada en las necesidades evolutivas de los niños. Esto implica reconocer que, a esta edad, los estudiantes aprenden mejor cuando están activos, cuando participan de manera lúdica y cuando se sienten involucrados en el proceso de aprendizaje. Por eso, las metodologías activas y participativas son las más adecuadas en este contexto.

Un principio fundamental es la idea de que la música es accesible para todos. A menudo se cree que solo aquellos con habilidades musicales naturales pueden beneficiarse de la música, pero la realidad es que todos los niños pueden disfrutar y aprender a través de ella. El papel del docente es ofrecer un ambiente en el que los estudiantes se sientan seguros para explorar la música sin miedo a equivocarse.

Otra estrategia efectiva en la enseñanza de la música es el uso de repertorios sencillos, pero significativos. Al utilizar canciones que los niños ya conocen, o que están relacionadas con su entorno cultural y religioso, los educadores pueden captar más fácilmente la atención de los estudiantes y hacer que el aprendizaje sea más relevante y significativo.

El desarrollo cognitivo a través de la música

La música estimula áreas del cerebro responsables de la memoria, el lenguaje y la creatividad. Numerosos estudios han demostrado que los niños que participan en actividades musicales regulares muestran una mayor capacidad para procesar información verbal y no verbal. Este desarrollo no ocurre de manera aislada; al aprender a tocar un instrumento o a cantar, los niños no solo están aprendiendo habilidades musicales, sino que también están fortaleciendo sus habilidades de pensamiento crítico y resolución de problemas.

La relación entre la música y las habilidades matemáticas es especialmente interesante. La estructura rítmica de la música tiene paralelismos directos con conceptos matemáticos como fracciones, patrones y secuencias. De hecho, los estudios han mostrado que los niños que participan en clases de música tienden a tener un mejor rendimiento en matemáticas que aquellos que no lo hacen.

Por otro lado, la capacidad de aprender y recordar melodías y letras musicales es una poderosa herramienta para la memoria. La repetición y el ritmo de las canciones crean conexiones neuronales que facilitan el recuerdo de información. Esto es especialmente útil en el contexto educativo, donde las canciones pueden utilizarse para enseñar conceptos y facilitar la memorización de datos importantes, como el alfabeto o los números.

La música como herramienta de socialización

En el ámbito social, la música crea oportunidades para que los niños interactúen entre sí de manera significativa. Participar en un coro, una banda o una clase de música fomenta la colaboración, ya que los estudiantes deben trabajar juntos para crear una obra cohesiva. Este tipo de actividades refuerza habilidades sociales importantes, como la escucha activa, la empatía y la capacidad de comunicarse de manera efectiva.

Además, la música puede ser una vía para enseñar valores como el respeto y la tolerancia. En un entorno multicultural, la música ofrece una forma de aprender y apreciar diferentes tradiciones y culturas. En la educación católica, esto puede aplicarse al estudio de la música litúrgica de diversas partes del mundo, mostrando a los estudiantes cómo la fe y la alabanza se expresan de diferentes maneras en distintas culturas.

La práctica grupal en la música también fortalece la autoestima de los estudiantes. Al ser parte de un conjunto musical, los niños aprenden a confiar en sus habilidades y a valorar su contribución al grupo. Esto tiene un impacto positivo en su autopercepción y en su capacidad para enfrentar desafíos, no solo en el ámbito musical, sino en otras áreas de su vida.

La espiritualidad en la música

Desde una perspectiva religiosa, la música siempre ha jugado un papel crucial en la espiritualidad. En la tradición católica, los cánticos y los himnos forman parte de las ceremonias y rituales religiosos, ayudando a los fieles a conectar con lo divino de una manera más profunda. En el contexto de la educación, la música religiosa puede ser utilizada para enseñar a los niños sobre la historia y los valores de la Iglesia católica.

El canto gregoriano, por ejemplo, es una de las formas más antiguas de música sacra en la Iglesia católica. Enseñar a los niños sobre este tipo de música no solo les permite comprender mejor la liturgia, sino que también les ayuda a desarrollar un sentido de respeto y reverencia por la tradición. Además, el acto de cantar en sí mismo tiene un componente espiritual, ya que permite a los estudiantes expresar su fe de manera creativa y emocional.

El canto religioso, tanto individual como en grupo, también puede servir como una forma de oración. A través de la música, los niños pueden aprender a expresar gratitud, pedir perdón y conectarse con Dios de una manera más personal. Esto fomenta el desarrollo espiritual y ayuda a los niños a ver la música como una forma de alabanza y reflexión.

El impacto emocional de la música

La música tiene una capacidad única para evocar emociones. Desde la tristeza de una melodía en tono menor hasta la alegría de una canción vibrante y rítmica, los niños aprenden a través de la música a identificar y manejar sus emociones. Este tipo de inteligencia emocional es crucial para el desarrollo social y personal.

En el aula, la música puede ser utilizada como una herramienta para la regulación emocional. Cantar juntos o escuchar música relajante puede ayudar a calmar a los estudiantes después de una actividad agitada o durante momentos de estrés. Del mismo modo, la música alegre y estimulante puede elevar el ánimo de los niños y prepararlos para actividades dinámicas.

En un contexto religioso, la música puede tener un impacto aún más profundo. Cantar en la iglesia o durante las clases de religión ofrece a los estudiantes una forma de conectar con su fe de manera emocional, lo que refuerza su experiencia religiosa y su sentido de comunidad. Esta combinación de lo emocional y lo espiritual es lo que hace que la música sea tan poderosa en la educación católica.

La importancia de la creatividad musical en la educación

Fomentar la creatividad en la música es esencial para el desarrollo completo de los estudiantes. Aunque el aprendizaje de canciones y melodías tradicionales es importante, los niños también deben tener la oportunidad de componer e improvisar su propia música. Este proceso creativo les permite experimentar con sonidos y ritmos, lo que les ayuda a desarrollar una mayor comprensión de los principios musicales y a explorar su propio potencial artístico.

El proceso creativo en la música también tiene implicaciones más amplias para el desarrollo del pensamiento crítico y la resolución de problemas. Al componer música, los estudiantes deben tomar decisiones sobre ritmo, tono, melodía y estructura, lo que requiere una combinación de lógica, intuición y creatividad. Estas habilidades son transferibles a otras áreas de la vida, como la resolución de conflictos o la toma de decisiones.

En la educación católica, la creatividad musical también puede utilizarse como una forma de expresión espiritual. Animar a los niños a componer sus propias canciones de alabanza o a improvisar melodías basadas en temas religiosos puede ayudarles a conectar con su fe de una manera más personal y significativa. Además, les permite ver la música como una forma de oración y adoración, lo que refuerza su relación con Dios.

La música, desde una perspectiva integral, no solo es una herramienta de entretenimiento o una materia más en el currículo escolar, sino un vehículo fundamental para el desarrollo cognitivo, emocional y social de los niños. En el contexto de la educación primaria, la música tiene el potencial de influir profundamente en la formación de la identidad de los estudiantes, su capacidad para resolver problemas, su interacción con los demás, e incluso su relación con lo espiritual.

La influencia de la música en el desarrollo emocional

Uno de los aspectos más relevantes de la educación musical es su capacidad para influir en el bienestar emocional de los niños. A lo largo de la infancia, los niños atraviesan por diversas fases emocionales que pueden ser difíciles de procesar o verbalizar. La música ofrece un medio no verbal para que los estudiantes puedan expresar estas emociones de una manera segura y constructiva.

El acto de escuchar música, especialmente música que esté vinculada a una emoción específica, puede ayudar a los niños a identificar sus propios sentimientos. Una melodía suave y lenta puede ser un reflejo de la tristeza o la tranquilidad, mientras que una pieza rápida y alegre puede evocar emociones de felicidad o entusiasmo. A través de la música, los niños comienzan a asociar los sonidos con estados emocionales específicos, lo que contribuye al desarrollo de la inteligencia emocional.

Por otro lado, la participación activa en la música, ya sea cantando, tocando un instrumento o componiendo, les permite a los niños canalizar emociones complejas. Por ejemplo, aquellos niños que experimentan ansiedad o estrés pueden beneficiarse de tocar un instrumento de percusión, donde el ritmo repetitivo y el enfoque en una tarea física los ayuda a liberar tensiones acumuladas. De manera similar, cantar en grupo puede tener un efecto catártico, ya que la combinación de la respiración profunda, el uso de la voz y la conexión con otros puede reducir la ansiedad y aumentar la sensación de pertenencia.

En la educación religiosa, este enfoque emocional de la música cobra aún más relevancia. Los himnos y cánticos no solo tienen un componente de alabanza, sino que son un medio para que los fieles, en este caso los niños, puedan procesar y expresar su relación con Dios. A través de las canciones de fe, los niños pueden encontrar consuelo en momentos de dificultad, gratitud en tiempos de alegría y una conexión profunda con lo sagrado.

La música y el aprendizaje académico

Es bien sabido que la música tiene un impacto directo en el aprendizaje académico. Los estudiantes que participan en clases de música muestran mejoras significativas en áreas como matemáticas, lectura y habilidades lingüísticas. Esto se debe en gran parte a que la música involucra múltiples áreas del cerebro, lo que permite una mayor interconexión entre las distintas funciones cognitivas.

La estructura de la música, con sus patrones rítmicos y melódicos, refuerza habilidades matemáticas básicas como el reconocimiento de patrones, la comprensión de fracciones y la secuenciación. Los estudios han demostrado que los niños que participan en actividades musicales desarrollan una mayor comprensión de conceptos abstractos, como el tiempo y el espacio, lo que se traduce en un mejor desempeño en matemáticas y ciencias.

En cuanto a la lectura, la música mejora las habilidades fonológicas, que son fundamentales para la adquisición del lenguaje. Al cantar o tocar instrumentos, los niños aprenden a reconocer y producir sonidos de manera más precisa, lo que contribuye a una mejor pronunciación, comprensión lectora y fluidez verbal. Además, las letras de las canciones pueden ser una herramienta poderosa para la memorización y el aprendizaje de nuevo vocabulario.

Desde una perspectiva católica, la música también puede ser utilizada para enseñar contenidos específicos de la fe. Cánticos y coros religiosos permiten a los estudiantes memorizar pasajes bíblicos, oraciones y enseñanzas doctrinales de una manera que no solo es efectiva, sino también agradable. Las canciones religiosas pueden ser una herramienta para transmitir valores y enseñanzas que perduren en la memoria de los estudiantes a lo largo de su vida.

La integración de la música en la vida cotidiana de la escuela

Para que la música cumpla su rol educativo, debe ser integrada de manera natural y continua en la vida escolar. No debe limitarse únicamente a las clases de música o los momentos de preparación para actos escolares. La música puede formar parte de la rutina diaria, como un recurso para marcar la transición entre actividades, relajar el ambiente o incluso energizar a los estudiantes cuando sea necesario.

Una forma de integrar la música en la vida cotidiana del aula es a través de la creación de momentos musicales cortos pero frecuentes. Por ejemplo, al comienzo del día, una canción puede ser utilizada para marcar el inicio de las actividades escolares y crear un ambiente acogedor. Del mismo modo, antes de pasar a una actividad que requiera mayor concentración, una breve sesión de canto o de ejercicios rítmicos puede ayudar a los estudiantes a relajarse y enfocarse mejor.

Dentro del contexto religioso, esta integración de la música cobra aún más fuerza. La vida en una escuela católica está impregnada de momentos de oración y reflexión, y la música puede enriquecer estas experiencias. Los cantos matutinos, las celebraciones litúrgicas o incluso la música de fondo durante momentos de reflexión pueden ayudar a los niños a conectar de manera más profunda con su fe y con la comunidad escolar.

El desafío de mantener el interés por la música

A pesar de los beneficios evidentes de la música en la educación primaria, uno de los mayores desafíos es mantener el interés de los estudiantes a lo largo del tiempo. A medida que los niños crecen, pueden perder interés en la música si no se sienten desafiados o motivados por las actividades propuestas. Es tarea del docente crear un ambiente en el que la música sea vista no solo como una asignatura obligatoria, sino como una forma de expresión personal y una fuente de disfrute.

Una estrategia para mantener el interés es fomentar la exploración musical. Los niños deben tener la oportunidad de experimentar con diferentes estilos musicales, instrumentos y formas de expresión. No todos los estudiantes tendrán las mismas inclinaciones o habilidades, por lo que es importante ofrecer una variedad de actividades que permitan a cada uno encontrar su propio camino en la música.

El uso de la tecnología también puede ser un recurso valioso. Hoy en día, existen numerosas aplicaciones y programas de software que permiten a los estudiantes crear y editar su propia música de manera accesible y divertida. Estas herramientas tecnológicas pueden ser una forma de integrar la música en la vida cotidiana de los estudiantes, al tiempo que les permiten desarrollar habilidades digitales que serán útiles en el futuro.

La conexión entre la música y el desarrollo social

El papel de la música en el desarrollo social de los niños es tan relevante como su impacto en el desarrollo emocional y cognitivo. A través de la música, los niños no solo aprenden a comunicarse mejor, sino que también desarrollan habilidades esenciales para la interacción social, como la cooperación, la empatía y la toma de turnos. Cuando los estudiantes participan en actividades musicales en grupo, como ensayos corales o bandas, experimentan la importancia del trabajo en equipo. Cada miembro del grupo tiene un rol específico que contribuye al éxito general del conjunto. Este trabajo colaborativo ayuda a los estudiantes a comprender el valor de la cooperación y la importancia de cumplir con su parte para lograr un resultado exitoso.

La música también ofrece un espacio en el que los niños pueden practicar la empatía. Escuchar música de diferentes culturas, géneros o épocas históricas permite a los estudiantes ponerse en el lugar de otros, comprender sus emociones y experiencias a través de las melodías, los ritmos y las letras. En un contexto educativo, esta exposición a la diversidad musical fomenta el respeto y la tolerancia hacia las diferencias culturales y personales.

En la educación católica, la música puede tener un impacto aún más profundo en el desarrollo social. Las canciones y los himnos litúrgicos no solo tienen un carácter espiritual, sino también un sentido comunitario. Cantar juntos en misa o durante las actividades religiosas de la escuela fortalece el sentido de pertenencia y cohesión entre los estudiantes. La música religiosa, en este sentido, actúa como un vínculo que une a los niños bajo un mismo propósito: la alabanza a Dios y el fortalecimiento de los lazos comunitarios. Este sentido de comunidad es fundamental en la formación de una identidad católica sólida, en la que la fe se vive de manera compartida y solidaria.

La formación de la identidad personal y cultural a través de la música

La música juega un papel crucial en la formación de la identidad personal y cultural de los niños. A través de las experiencias musicales, los estudiantes comienzan a definir quiénes son, qué les gusta y cómo se relacionan con el mundo que los rodea. La música que escuchan, las canciones que cantan y los instrumentos que tocan son todos reflejos de sus propias identidades en desarrollo.

En la educación primaria, los docentes tienen la responsabilidad de ofrecer a los niños una variedad de experiencias musicales que les permitan explorar y construir su identidad. Al introducir a los estudiantes a diferentes estilos musicales —desde la música clásica hasta el pop, pasando por la música tradicional y folklórica—, los maestros les permiten descubrir sus propias preferencias y talentos musicales. Esta exploración musical es clave para el desarrollo de una identidad personal, ya que los niños aprenden a expresar sus emociones y pensamientos a través de la música, encontrando un medio único para comunicarse con el mundo.

En el contexto de la identidad cultural, la música desempeña un papel igualmente importante. A través de las canciones y los estilos musicales que son parte de la herencia cultural de los estudiantes, estos pueden conectarse con sus raíces y con la historia de su comunidad. En el caso de los estudiantes que asisten a escuelas católicas, las canciones litúrgicas y los himnos religiosos también forman parte de esta construcción de identidad cultural. Al aprender cánticos tradicionales de la Iglesia, los estudiantes no solo están participando en un acto de adoración, sino que también están internalizando un sentido de pertenencia a una tradición que tiene siglos de antigüedad.

El papel de la música en la disciplina y el autocontrol

La música también es una herramienta poderosa para el desarrollo de la autodisciplina y el autocontrol en los niños. Tocar un instrumento, por ejemplo, requiere dedicación, práctica y paciencia. Los estudiantes deben aprender a dominar una serie de habilidades técnicas y a seguir un proceso que demanda esfuerzo constante. Esta experiencia de trabajar hacia una meta musical ayuda a los niños a desarrollar una actitud de perseverancia y responsabilidad.

El autocontrol, por su parte, es otro de los beneficios que ofrece la educación musical. Para tocar en un conjunto musical o cantar en un coro, los niños deben aprender a controlar sus impulsos, seguir instrucciones y trabajar en armonía con otros. El respeto por el tiempo de los demás, el control de los volúmenes y la atención a las dinámicas del grupo son elementos clave que los niños internalizan a través de la música.

Desde una perspectiva católica, el desarrollo de la autodisciplina es también una virtud que tiene profundas implicaciones espirituales. La música puede ser vista como una metáfora de la vida cristiana: así como los músicos deben seguir una partitura y respetar los tiempos y las reglas, los cristianos están llamados a seguir las enseñanzas de Cristo y a practicar las virtudes del autocontrol y la disciplina en su vida diaria. Esta conexión entre la música y la vida espiritual puede ser un recurso pedagógico eficaz en la formación integral de los estudiantes.

La música como puente entre lo cotidiano y lo espiritual

La educación musical en las escuelas católicas ofrece una oportunidad única para que los estudiantes comprendan la conexión entre lo cotidiano y lo espiritual. La música es una de las formas más accesibles de experimentar la belleza, y en la tradición católica, la belleza es vista como un reflejo de lo divino. A través de la música, los niños pueden tener una experiencia tangible de lo trascendente.

Los cantos religiosos y los himnos litúrgicos son un ejemplo claro de cómo la música puede actuar como un puente entre lo terrenal y lo celestial. Al aprender y cantar estas canciones, los estudiantes no solo están participando en una actividad musical, sino que también están profundizando en su fe y su relación con Dios. La música se convierte así en un acto de adoración, una forma de oración que trasciende las palabras y llega al corazón de los estudiantes.

Además, la música religiosa también puede ser una herramienta para la reflexión personal y el crecimiento espiritual. Al escuchar o interpretar música sacra, los estudiantes pueden experimentar momentos de contemplación y conexión espiritual, lo que les permite desarrollar una relación más profunda con su fe. Este proceso de introspección y reflexión es crucial para el desarrollo de una espiritualidad madura y consciente, y la música ofrece un camino accesible para que los niños comiencen este viaje espiritual.

El valor de la música en la creación de rutinas escolares

La rutina es esencial en el desarrollo de los niños, ya que les proporciona seguridad y estructura. La música puede jugar un papel importante en la creación de estas rutinas dentro del entorno escolar. Utilizar melodías o canciones específicas para marcar transiciones entre actividades o momentos del día ayuda a los estudiantes a saber qué se espera de ellos en cada situación.

Por ejemplo, en muchas aulas de educación primaria, es común usar una canción para señalar el final de una actividad y el comienzo de otra. Esto no solo ayuda a los estudiantes a cambiar de enfoque sin necesidad de instrucciones verbales repetitivas, sino que también hace que el proceso de transición sea más fluido y menos estresante. Los niños responden positivamente a estas señales musicales, ya que asocian la música con acciones específicas, lo que facilita la gestión del aula.

En el contexto de la educación católica, la música puede ser utilizada para crear momentos de reflexión y oración. Una melodía suave antes de comenzar la jornada escolar puede servir para centrar a los estudiantes y prepararlos para el día, mientras que un himno al final del día escolar puede ser una forma de agradecer por las experiencias vividas. Estos momentos musicales también refuerzan la espiritualidad cotidiana, conectando los actos más mundanos de la rutina escolar con una experiencia más profunda de fe.

La evaluación en la educación musical

La evaluación es una parte necesaria de cualquier proceso educativo, pero en el caso de la música, debe ser abordada con sensibilidad y flexibilidad. A diferencia de materias más estructuradas, como las matemáticas o la gramática, el progreso en la música no siempre es lineal o fácil de medir con criterios tradicionales. Por lo tanto, los docentes deben adaptar las formas de evaluación para que reflejen tanto el crecimiento técnico como el emocional y creativo de los estudiantes.

En lugar de centrarse exclusivamente en la precisión técnica o en la capacidad para tocar un instrumento de manera impecable, la evaluación musical en la educación primaria debe tomar en cuenta el esfuerzo, la participación y el entusiasmo del niño. La música es una forma de expresión personal, y es importante reconocer los logros individuales de cada estudiante, ya sea que se trate de superar una timidez inicial al cantar en público o de mejorar la coordinación al tocar un instrumento.

Desde una perspectiva católica, la evaluación también puede incluir la reflexión sobre el contenido espiritual que los estudiantes han experimentado a través de la música. En este sentido, se puede evaluar cómo los niños han internalizado las enseñanzas y valores presentes en las canciones religiosas, y cómo aplican estos aprendizajes en su vida diaria. Esta evaluación puede ser cualitativa, observando la disposición de los estudiantes para participar en actividades musicales relacionadas con la fe, o incluso puede llevarse a cabo mediante reflexiones personales escritas o orales sobre el impacto que ha tenido la música religiosa en su vida espiritual.

El rol de los padres en el fomento de la educación musical

La participación de los padres es crucial para que la educación musical tenga un impacto duradero en la vida de los niños. Aunque la escuela proporciona el entorno formal para el aprendizaje de la música, los padres juegan un papel igualmente importante al apoyar y fomentar el interés por la música en el hogar. Los padres pueden contribuir de diversas formas, desde asistir a los conciertos escolares hasta crear un ambiente musical en casa, donde se valore y disfrute la música en familia.

Es fundamental que los padres entiendan que la música no solo es una actividad recreativa, sino una herramienta poderosa para el desarrollo de habilidades cognitivas, sociales y emocionales. Al valorar y promover la música en casa, los padres están ayudando a que sus hijos desarrollen una relación más profunda con la música, lo que puede llevar a beneficios a largo plazo tanto dentro como fuera del aula.

En las escuelas católicas, los padres también pueden desempeñar un papel activo en el fomento de la música religiosa. Participar en actividades parroquiales, como coros o eventos musicales, ofrece una oportunidad para que las familias vivan su fe de manera comunitaria. Estas experiencias compartidas no solo refuerzan los lazos familiares, sino que también ayudan a los niños a ver la música como una forma de alabar a Dios y de conectarse con su comunidad religiosa.

La importancia de la diversidad musical en la formación de los niños

Un aspecto clave en la educación musical es la exposición a una diversidad de estilos y géneros musicales. Limitar el aprendizaje musical a un solo estilo puede restringir el desarrollo creativo de los niños y su comprensión del mundo que los rodea. A través de la música, los estudiantes pueden aprender sobre otras culturas, épocas históricas y formas de vida, lo que amplía su visión del mundo y fomenta la tolerancia y el respeto por la diversidad.

En la educación primaria, es importante que los niños tengan la oportunidad de explorar una amplia gama de estilos musicales, desde la música clásica hasta los géneros contemporáneos, pasando por la música folklórica y tradicional de diversas culturas. Cada uno de estos estilos tiene algo único que ofrecer en términos de estructura, emoción y mensaje, y al exponerse a ellos, los niños desarrollan una apreciación más rica y matizada de la música como forma de arte.

En el contexto de la educación católica, la música religiosa juega un papel importante en esta diversidad. Aunque el enfoque principal es la música litúrgica y los himnos tradicionales, también es valioso que los estudiantes exploren otras formas de música sacra de diferentes culturas y épocas. Esta diversidad musical no solo enriquece su comprensión de la fe, sino que también les permite ver cómo otras comunidades religiosas y culturas expresan su espiritualidad a través de la música. Esto, a su vez, fomenta una actitud de respeto y apertura hacia otras formas de expresión religiosa.

La música como herramienta de integración en el aula

Uno de los grandes retos en la educación primaria es crear un ambiente inclusivo donde todos los niños, independientemente de sus habilidades o antecedentes, puedan sentirse valorados y participen plenamente en las actividades del aula. La música, con su carácter universal y su capacidad para conectar a las personas a nivel emocional, es una herramienta poderosa para lograr esta integración.

En el contexto de la educación inclusiva, la música permite a los estudiantes con diferentes capacidades participar en igualdad de condiciones. Los niños que tal vez tienen dificultades para expresarse verbalmente pueden encontrar en la música un medio alternativo para comunicar sus sentimientos y pensamientos. Esto es particularmente relevante en el caso de estudiantes con necesidades educativas especiales, quienes pueden encontrar en la música una vía para interactuar con sus compañeros de una manera que se adapte a sus habilidades.

La música también puede ser una forma de construir puentes entre los estudiantes de diferentes culturas y antecedentes. En muchas aulas, especialmente en aquellas que incluyen estudiantes de diversas procedencias, la música puede convertirse en un espacio común donde los niños comparten sus propias tradiciones culturales. Aprender canciones en diferentes idiomas, o explorar la música de diferentes partes del mundo, ayuda a que los estudiantes comprendan y respeten las experiencias y los contextos culturales de sus compañeros. Esta práctica no solo promueve la integración, sino que también enriquece la experiencia de todos los estudiantes al ofrecerles una perspectiva más amplia del mundo a través de la música.

En la educación católica, la música puede tener un significado adicional en términos de integración. Las canciones religiosas, al ser comunes en las prácticas litúrgicas y ceremonias escolares, proporcionan un terreno compartido para todos los estudiantes. Cantar juntos himnos o participar en coros escolares permite que los niños experimenten un sentido de unidad, reforzando el mensaje cristiano de comunidad y hermandad. La música religiosa actúa, entonces, no solo como un medio de expresión espiritual, sino también como un espacio donde los niños, independientemente de sus habilidades o contextos, pueden integrarse y sentirse parte de algo más grande.

La tecnología en la educación musical

En los últimos años, la tecnología ha transformado la manera en que la música se enseña en las aulas. Herramientas digitales, aplicaciones interactivas y programas educativos de música han abierto nuevas posibilidades tanto para los docentes como para los estudiantes. En la educación primaria, la tecnología ofrece una oportunidad única para hacer la enseñanza musical más accesible, atractiva e interactiva.

El uso de aplicaciones de composición musical permite que los estudiantes creen sus propias piezas, experimenten con diferentes sonidos y desarrollen su creatividad sin necesidad de conocimientos avanzados de teoría musical. Estas herramientas también facilitan el aprendizaje individualizado, permitiendo a los niños progresar a su propio ritmo. En lugar de depender exclusivamente de instrumentos tradicionales, los estudiantes pueden explorar una variedad de sonidos y estilos musicales utilizando tablets o computadoras, lo que abre el mundo de la música a aquellos que tal vez no tienen acceso a instrumentos convencionales.

Además, la tecnología ofrece una forma de integrar a los estudiantes con discapacidades en la educación musical. Existen aplicaciones diseñadas específicamente para facilitar la interacción con la música a través de interfaces adaptativas, lo que permite a los estudiantes participar en actividades musicales independientemente de sus habilidades físicas o cognitivas. Esto refuerza el principio de inclusión que está en el corazón de la educación católica, donde cada niño, sin importar sus desafíos, tiene un lugar en la comunidad escolar y puede participar en la vida musical de la escuela.

En las escuelas católicas, la tecnología también puede ser utilizada para introducir a los estudiantes a la rica tradición de la música sacra y litúrgica. A través de plataformas digitales, los estudiantes pueden explorar diferentes versiones de himnos antiguos, escuchar coros de todo el mundo y descubrir la diversidad de la música religiosa. Esto no solo expande su conocimiento musical, sino que también les permite experimentar cómo la música puede ser una expresión profunda de la fe y la espiritualidad.

La música como preparación para la vida cristiana

Finalmente, es importante destacar cómo la música no solo es una herramienta educativa, sino también una preparación para la vida cristiana. En la educación católica, la música está entrelazada con la liturgia y la vida espiritual de la comunidad. Los niños que aprenden a cantar himnos, a tocar instrumentos en la misa o a participar en coros escolares están adquiriendo habilidades que pueden llevar con ellos a lo largo de su vida.

La música, en este sentido, no solo es una actividad escolar, sino una práctica que acompaña a los estudiantes a medida que crecen en su fe. En la liturgia católica, la música ocupa un lugar central, elevando los corazones y las mentes hacia Dios. Los estudiantes que aprenden a participar activamente en la música litúrgica están desarrollando una relación más profunda con su fe, comprendiendo el valor de la oración en comunidad y la importancia de la adoración musical.

Además, la música enseña a los estudiantes valores cristianos fundamentales como la paciencia, la perseverancia y la humildad. Al enfrentarse a los desafíos de aprender un nuevo instrumento o de interpretar una pieza difícil, los niños aprenden a confiar en su esfuerzo y en la guía de sus maestros, habilidades que son esenciales en su vida cristiana. Al mismo tiempo, la música les enseña la importancia de la colaboración y la generosidad, ya que el éxito en la música a menudo depende de la disposición para escuchar y trabajar con otros.

Conclusión del capítulo

En conclusión, la educación musical durante la infancia juega un papel crucial en el desarrollo integral de los niños, no solo por los beneficios cognitivos y emocionales que ofrece, sino también por su capacidad de conectar a los estudiantes con su cultura y fe. Desde temprana edad, los niños experimentan la música como un lenguaje universal que trasciende palabras, permitiéndoles expresar sus emociones y reforzar su identidad personal y religiosa. En el contexto de la educación católica, la música no solo es un medio educativo, sino también un instrumento de evangelización, ayudando a los estudiantes a acercarse más a Dios a través del canto y la reflexión litúrgica. Así, la educación musical en las escuelas primarias católicas no solo debe enfocarse en desarrollar habilidades musicales, sino también en utilizar la música como un canal para el crecimiento espiritual y comunitario.

Capítulo 2: La Música y la Fe en la Educación Católica

El papel de la música en la liturgia escolar

En la educación católica, la música tiene una relación intrínseca con la liturgia, actuando como un vehículo de alabanza y una forma de profundizar en la fe. Desde los primeros años de la escuela primaria, los estudiantes están expuestos a la música religiosa, la cual es parte integral de las celebraciones litúrgicas, las misas escolares y otros momentos de oración comunitaria. Cantar juntos en un ambiente de fe no solo fomenta un sentido de comunidad, sino que también permite a los niños experimentar la belleza de la adoración colectiva.

La música litúrgica tiene un valor formativo para los niños, ya que no solo les enseña sobre los ritmos y melodías, sino también sobre el contenido de la fe. Los himnos y canciones que se interpretan en las celebraciones litúrgicas están llenos de enseñanzas sobre las Escrituras, los santos y la vida cristiana. Por lo tanto, aprender estas canciones no solo refuerza sus habilidades musicales, sino que también les proporciona un conocimiento más profundo de su fe.

En muchas escuelas católicas, los estudiantes tienen la oportunidad de formar parte de coros litúrgicos. Estas agrupaciones no solo les enseñan disciplina musical y técnica vocal, sino que también les permiten participar activamente en la vida religiosa de la comunidad escolar. Al cantar durante la misa o en otras celebraciones, los estudiantes experimentan una forma directa y personal de contribuir al culto divino, lo que fortalece su sentido de pertenencia y responsabilidad en la comunidad de fe.

La música como catequesis

Además de su papel en la liturgia, la música en las escuelas católicas también puede ser utilizada como una forma de catequesis, es decir, como un medio para enseñar los principios y valores de la fe cristiana. Las canciones religiosas, con sus letras basadas en las Escrituras y las enseñanzas de la Iglesia, pueden ayudar a los niños a internalizar conceptos teológicos y doctrinales de una manera accesible y fácilmente memorizable.

Por ejemplo, canciones que narran episodios bíblicos o que hablan sobre las virtudes cristianas pueden ser herramientas pedagógicas efectivas para enseñar a los niños sobre la historia de la salvación o sobre la importancia de vivir una vida moral. A través de la repetición y la melodía, los niños asimilan estos contenidos, lo que facilita su comprensión y recuerdo a largo plazo. De esta manera, la música se convierte en un recurso educativo valioso que complementa las lecciones de catequesis tradicionales.

Además, las canciones que invitan a la reflexión sobre temas como el perdón, el amor al prójimo o la gratitud también pueden ser utilizadas en el aula para fomentar la introspección y el diálogo sobre la fe. Los niños no solo aprenden las palabras de las canciones, sino que también son invitados a reflexionar sobre su significado y a aplicarlo en su vida diaria. En este sentido, la música no solo es una forma de adoración, sino también una herramienta para el crecimiento espiritual y moral.

El impacto espiritual de la música

La música tiene un poder único para tocar el corazón humano, y en el contexto de la educación católica, este poder puede ser canalizado hacia el desarrollo espiritual de los estudiantes. A través de la música, los niños pueden experimentar momentos de contemplación y conexión espiritual que tal vez no serían posibles de otra manera. Escuchar una melodía sacra o participar en un canto litúrgico puede despertar en los niños un sentido de lo sagrado, permitiéndoles sentir la presencia de Dios de una manera tangible y emocional.

En las escuelas católicas, la música puede servir como una puerta de entrada a la oración. Los estudiantes pueden ser guiados a momentos de meditación a través de la música, utilizando canciones o melodías como una forma de elevar sus pensamientos hacia Dios. Esta práctica puede ser especialmente útil para los niños más pequeños, quienes a veces pueden encontrar difícil la oración verbal. La música ofrece una forma de oración que no requiere palabras, pero que es igualmente poderosa en su capacidad para conectar a los estudiantes con lo divino.

Por otro lado, la música también tiene el poder de sanar y consolar. En momentos de dificultad o tristeza, una canción religiosa puede ofrecer un consuelo que las palabras solas no pueden proporcionar. Los himnos que hablan sobre la esperanza, la confianza en Dios o la superación de los desafíos pueden ser una fuente de fortaleza espiritual para los estudiantes, enseñándoles a recurrir a su fe en tiempos de necesidad. De esta manera, la música no solo enriquece la vida espiritual de los estudiantes, sino que también les ofrece un recurso para afrontar los momentos difíciles.

La música como expresión de identidad católica

La música no solo es un medio para enseñar la fe o para participar en la liturgia, sino también una forma de expresión de la identidad católica. A lo largo de la historia de la Iglesia, la música ha sido una de las formas más elevadas de arte utilizada para expresar las verdades espirituales y para glorificar a Dios. Los estudiantes que participan en la música religiosa están, por tanto, conectándose con una larga tradición de alabanza y adoración que se extiende por siglos.

En la educación católica, es importante que los niños comprendan que la música que interpretan y escuchan en la escuela forma parte de esta herencia espiritual. Los himnos, cantos y piezas sacras que se les enseña no son simplemente canciones, sino expresiones profundas de la fe católica. Al enseñarles sobre el significado histórico y teológico de estas piezas, los docentes pueden ayudar a los estudiantes a desarrollar un sentido de conexión con la Iglesia y con los fieles que han cantado estas mismas melodías a lo largo de los siglos.

Esta conexión histórica puede reforzarse mediante actividades que integren la música con otros aspectos de la educación católica. Por ejemplo, los estudiantes pueden estudiar compositores como Johann Sebastian Bach o Tomás Luis de Victoria y explorar cómo su fe influyó en sus obras, enriqueciendo su comprensión musical y mostrando cómo la fe católica ha inspirado grandes logros en la historia de la música.

La música y el servicio a la comunidad

Otro aspecto clave de la educación católica es el servicio a los demás, y la música puede ser una forma poderosa de poner en práctica este valor. A través de la música, los estudiantes pueden servir a su comunidad, ya sea participando en coros parroquiales, ofreciendo conciertos en hogares de ancianos o colaborando en eventos benéficos. Estas oportunidades no solo les permiten desarrollar sus habilidades musicales, sino que también les enseñan la importancia del servicio y el compromiso con los demás.

Las actividades musicales enfocadas en el servicio pueden ser una forma de poner en práctica los principios del Evangelio. Cantar para aquellos que están enfermos o necesitados es una forma concreta de llevar consuelo y alegría, y enseña a los niños que sus talentos pueden ser utilizados para hacer el bien en el mundo. Además, este tipo de experiencias pueden fortalecer su sentido de empatía y solidaridad, ya que les permite ver cómo la música puede tener un impacto positivo en la vida de los demás.

En el contexto de la educación católica, el servicio musical también puede estar ligado a la vida litúrgica de la comunidad escolar y parroquial. Los estudiantes pueden ser invitados a participar en la música durante la misa, contribuyendo con su talento para enriquecer la experiencia de adoración de la comunidad. Este servicio no solo les permite poner en práctica sus habilidades musicales, sino que también les ayuda a ver su participación en la música como una forma de contribuir activamente a la vida espiritual de su comunidad.

Fomentando una actitud de gratitud y alabanza a través de la música

Un componente esencial de la fe católica es la gratitud hacia Dios por los dones recibidos. La música puede ser una forma poderosa de enseñar esta actitud de gratitud a los estudiantes, ayudándolos a reconocer que la música misma es un don que se debe compartir y utilizar para glorificar a Dios.

En las escuelas católicas, es común que las canciones de alabanza y gratitud formen parte del repertorio musical. Estas canciones no solo enseñan a los niños a expresar agradecimiento, sino que también les muestran cómo la música puede ser una forma de oración. Al cantar himnos que alaban a Dios por su bondad y sus bendiciones, los niños están participando en una forma de oración colectiva que refuerza su comprensión de la gratitud como un componente central de la vida cristiana.

Además, la música ofrece una forma de expresar gratitud por la belleza de la creación y la vida. En muchos himnos católicos, se alaba a Dios por las maravillas del mundo natural y por el don de la vida misma. Al aprender estas canciones, los estudiantes no solo desarrollan sus habilidades musicales, sino que también son invitados a reflexionar sobre las bendiciones que tienen en su vida y a cultivar una actitud de gratitud hacia Dios por todo lo que han recibido.

La formación de una conciencia cristiana a través de la música

Además de servir como una expresión de alabanza y gratitud, la música en la educación católica puede desempeñar un papel fundamental en la formación de una conciencia cristiana. La educación musical dentro de un contexto católico no solo busca desarrollar habilidades técnicas y artísticas, sino también fomentar un sentido profundo de la moral y la responsabilidad cristiana.

Las canciones que los estudiantes aprenden a lo largo de su educación primaria muchas veces están impregnadas de valores que reflejan la enseñanza cristiana: el amor al prójimo, el perdón, la justicia y la compasión. A través de la repetición y la reflexión sobre estas canciones, los niños internalizan estos valores, lo que influye en su formación ética. La música se convierte en un recordatorio constante de la importancia de vivir una vida conforme a los principios del Evangelio.

Por ejemplo, canciones que hablan sobre la generosidad, el cuidado por los demás o la importancia de la paz, no solo sirven como un mensaje educativo, sino que también invitan a los estudiantes a considerar cómo pueden aplicar estos valores en sus propias vidas. La música, entonces, no solo se escucha o se interpreta, sino que se vive, ya que sus mensajes se reflejan en las acciones diarias de los estudiantes. En este sentido, la música es una forma de educación moral que se inserta profundamente en la formación integral de los niños.

La relación entre la música y la oración

En la tradición católica, la oración es un pilar fundamental de la vida espiritual. Desde edades tempranas, se enseña a los niños a rezar, ya sea a través de oraciones formales como el Padre Nuestro o el Ave María, o mediante oraciones espontáneas y personales. En este contexto, la música ofrece una dimensión adicional a la oración, permitiendo a los niños expresarse de una manera más profunda y emocional.

La música puede transformar una oración en una experiencia más rica y envolvente. Cantar una oración o un himno puede ayudar a los estudiantes a conectar más íntimamente con el significado de las palabras que están pronunciando. Al mismo tiempo, la música tiene el poder de llevar a los niños a un estado de recogimiento y concentración, lo que facilita la meditación y la contemplación. En lugar de simplemente repetir palabras, la música hace que la oración se convierta en una experiencia emocional y espiritual, lo que enriquece la vida de oración de los estudiantes.

Un ejemplo claro de esta relación entre música y oración se encuentra en la misa, donde los cantos y los himnos tienen un lugar central. Desde los cantos de entrada hasta el Aleluya y el Sanctus, cada pieza musical está diseñada para elevar los corazones y las mentes hacia Dios, transformando la liturgia en un acto colectivo de adoración. Los estudiantes que participan activamente en la música litúrgica experimentan la oración de una manera más profunda, ya que la música les ayuda a involucrarse de manera más plena en el acto de rezar.

Desarrollando una sensibilidad espiritual a través de la música

Uno de los objetivos de la educación católica es cultivar en los estudiantes una sensibilidad espiritual que les permita ser conscientes de la presencia de Dios en su vida diaria. La música, con su capacidad de despertar emociones profundas y evocar lo trascendente, es una herramienta poderosa para desarrollar esta sensibilidad.

A través de la música, los estudiantes pueden experimentar momentos de asombro y maravilla que les abren a la realidad de lo divino. Una melodía bien interpretada, un canto coral o una simple canción de alabanza pueden llevar a los niños a un estado de conciencia espiritual en el que son capaces de percibir la belleza y la grandeza de Dios en el mundo que los rodea. Esta sensibilidad espiritual no solo se desarrolla en el aula o en la iglesia, sino que los estudiantes la llevan consigo, aplicándola en su vida diaria mientras aprenden a reconocer la obra de Dios en todas las cosas.

La educación musical dentro de un contexto católico, por lo tanto, no es solo un entrenamiento técnico o artístico, sino una formación espiritual. Al enseñar a los niños a apreciar la belleza de la música y a conectarla con su fe, se les está ayudando a cultivar una vida espiritual más rica y significativa. Esta sensibilidad hacia lo espiritual es algo que los estudiantes llevarán consigo mucho después de haber dejado las aulas de la escuela primaria, influyendo en su forma de ver el mundo y su relación con Dios.

La integración de la música en las festividades religiosas escolares

En las escuelas católicas, las festividades religiosas tienen un papel central en la vida espiritual y comunitaria de los estudiantes. Estas celebraciones no solo son momentos de encuentro y reflexión, sino que también ofrecen una oportunidad para que la música brille como un elemento unificador y expresivo de la fe. Entre las principales festividades que se celebran en las escuelas están la Navidad, la Semana Santa y el Día de Todos los Santos, entre otras, y en todas ellas, la música tiene un papel protagónico.

Navidad es una de las festividades más importantes del calendario litúrgico, y su celebración en las escuelas católicas está íntimamente ligada a la música. Los villancicos, con su mezcla de alegría, devoción y simplicidad, permiten a los niños expresar el gozo del nacimiento de Cristo de una manera que conecta con su capacidad emocional y artística. Además, la preparación de representaciones musicales, como los coros navideños o las obras de teatro que recrean el nacimiento de Jesús, ofrece a los estudiantes una oportunidad para combinar su talento musical con la dramatización de la historia bíblica.

La música también juega un papel fundamental durante la **Semana Santa**, que conmemora la pasión, muerte y resurrección de Jesús. Durante este tiempo, los estudiantes participan en cantos que reflejan el carácter solemne y contemplativo de la celebración. Los himnos y cantos procesionales permiten a los niños reflexionar sobre el sacrificio de Cristo, creando un ambiente de recogimiento y reverencia. En muchas escuelas, los estudiantes también pueden ser parte de eventos como la dramatización del Viacrucis, donde la música actúa como un telón de fondo que acompaña los diferentes momentos de la Pasión.

Además, en festividades como el **Día de Todos los Santos**, la música ofrece un espacio para honrar a los santos y reflexionar sobre sus vidas como modelos de fe. Las canciones que se interpretan durante estas celebraciones suelen destacar las virtudes de los santos, fomentando en los estudiantes la admiración y el deseo de imitar su entrega a Dios. La música, en este contexto, no solo celebra a aquellos que ya están en la presencia de Dios, sino que también inspira a los estudiantes a caminar en su misma senda de santidad.

El impacto emocional de la música religiosa

La música tiene una capacidad única para evocar emociones profundas, y esto es particularmente evidente en la música religiosa. En la educación católica, la música se utiliza no solo para enseñar o celebrar, sino también para conectar a los estudiantes con sus propias emociones y con su fe. Las melodías sacras, los himnos y las canciones de alabanza tienen el poder de mover el corazón, de consolar en momentos de tristeza y de exaltar el espíritu en momentos de alegría.

Desde una edad temprana, los estudiantes en las escuelas católicas aprenden a asociar ciertos tipos de música con emociones y experiencias espirituales específicas. Las canciones alegres y llenas de vida se utilizan para expresar el gozo y la gratitud, mientras que los cantos más lentos y solemnes pueden ayudar a los estudiantes a reflexionar sobre temas más profundos como el arrepentimiento, el perdón o el sacrificio. Esta capacidad de la música para despertar emociones diversas hace que sea una herramienta efectiva para ayudar a los niños a conectar sus sentimientos con su fe.

Por ejemplo, durante los momentos de adoración eucarística, donde se invita a los estudiantes a la meditación y al silencio, la música puede actuar como un medio para facilitar la introspección. Una melodía suave o un canto de adoración puede ayudar a los estudiantes a centrar su atención en la presencia de Cristo en la Eucaristía, creando un ambiente de devoción y recogimiento. De manera similar, en momentos de celebración como la Pascua, la música alegre y festiva ayuda a los estudiantes a experimentar la alegría de la Resurrección de una manera emocionalmente significativa.

La música y el desarrollo comunitario

Finalmente, un aspecto clave de la educación católica es la formación de una comunidad de fe, y la música juega un papel esencial en el fortalecimiento de este sentido de comunidad. Cantar juntos, ya sea en misa, en una celebración escolar o simplemente en el aula, crea un vínculo entre los estudiantes, los maestros y el resto de la comunidad educativa. La música tiene el poder de unir a las personas en un acto colectivo de adoración y alabanza, fomentando un sentido de pertenencia y solidaridad.

En muchos casos, los coros escolares o los grupos musicales que se forman en las escuelas católicas se convierten en espacios donde los estudiantes no solo desarrollan sus habilidades musicales, sino también relaciones profundas con sus compañeros. Participar en un coro requiere colaboración, compromiso y trabajo en equipo, y estas cualidades son esenciales para el desarrollo de una comunidad cristiana fuerte. Además, los estudiantes que participan en actividades musicales suelen sentir un mayor sentido de responsabilidad hacia su comunidad, ya que comprenden que su contribución musical es un servicio a los demás.

La música también es un medio para fortalecer los lazos con la comunidad parroquial local. Muchas veces, los coros escolares son invitados a participar en celebraciones parroquiales, como misas especiales, fiestas patronales o eventos benéficos. Estos momentos no solo permiten a los estudiantes compartir su talento con la comunidad más amplia, sino que también les enseñan la importancia de ser parte activa de la vida de su parroquia. A través de la música, los estudiantes aprenden que son miembros de una comunidad de fe más grande y que tienen un papel que desempeñar en ella.

Conclusión del capítulo

La música en la liturgia escolar es una manifestación de la fe y una herramienta poderosa para fortalecer la comunidad escolar. A través de los himnos, cantos y oraciones cantadas, los estudiantes no solo participan activamente en la vida litúrgica, sino que también desarrollan una comprensión más profunda de los misterios de la fe católica. La música litúrgica permite a los niños vivir los diferentes tiempos litúrgicos, entender el significado de la Eucaristía y sentir más intensamente los momentos clave de las celebraciones religiosas. Además, al involucrar a todos los estudiantes en las celebraciones musicales, se promueve una cultura de inclusión y participación activa, que enriquece tanto la vida escolar como la formación espiritual de los niños. La música, por tanto, se convierte en un puente entre lo pedagógico y lo espiritual, fortaleciendo los lazos de la comunidad católica escolar.

Capítulo 3: El Canto Litúrgico como Herramienta Pedagógica

El canto litúrgico es una forma de oración que, desde tiempos antiguos, ha sido parte integral de la vida de la Iglesia Católica. En el contexto de la educación primaria, su enseñanza y práctica ofrecen a los niños no solo una comprensión más profunda de la liturgia, sino también una forma de internalizar los valores y enseñanzas de la fe. Este capítulo abordará cómo el canto litúrgico puede ser una herramienta pedagógica eficaz y cómo su práctica puede enriquecer la experiencia espiritual y educativa de los estudiantes.

El valor pedagógico del canto litúrgico

La enseñanza del canto litúrgico en las escuelas católicas no es simplemente un ejercicio musical, sino una forma de vincular a los estudiantes con el corazón de la vida sacramental de la Iglesia. Al aprender cantos como el "Gloria", el "Sanctus" o el "Agnus Dei", los estudiantes no solo mejoran su capacidad vocal, sino que también adquieren un mayor conocimiento de la estructura de la misa y de los significados teológicos que subyacen en ella.

Uno de los principales valores pedagógicos del canto litúrgico es que ayuda a los niños a memorizar partes importantes de la liturgia. A través de la repetición melódica y rítmica, los estudiantes pueden aprender de manera más efectiva las oraciones y respuestas de la misa. Esto facilita su participación activa en la Eucaristía, permitiéndoles entender y vivir más plenamente cada momento de la celebración. Además, este tipo de aprendizaje es particularmente beneficioso para los estudiantes más jóvenes, ya que la música facilita la memorización y el aprendizaje de contenido teológico.

Por otro lado, el canto litúrgico también ayuda a desarrollar habilidades como la disciplina, la concentración y el trabajo en equipo. Los ensayos corales requieren que los estudiantes presten atención a los detalles, sigan las indicaciones del director de coro y trabajen juntos para crear una interpretación armoniosa. Estas habilidades no solo son útiles en el ámbito musical, sino que también son transferibles a otros aspectos de su formación académica y personal.

El canto litúrgico como medio de participación en la comunidad

Una de las características más importantes del canto litúrgico es su capacidad para unir a la comunidad en la adoración. En la misa, el canto no es solo una actuación individual, sino un acto colectivo de alabanza a Dios. Los estudiantes que aprenden y practican el canto litúrgico en la escuela están siendo preparados para participar más plenamente en la vida comunitaria de la Iglesia. Al cantar juntos, ya sea en la escuela o en la parroquia, los niños experimentan el poder de la unidad en la oración.

El canto litúrgico también enseña a los niños sobre la naturaleza inclusiva de la liturgia. Todos, independientemente de su nivel de habilidad musical, son invitados a participar en el canto durante la misa. Esto refuerza en los estudiantes la idea de que la misa no es un espectáculo en el que algunos participan y otros observan, sino un acto en el que toda la comunidad está involucrada. Esta participación activa es crucial para que los niños comprendan su papel como miembros de la Iglesia y se sientan parte de la comunidad de fieles.

Además, el hecho de que el canto litúrgico sea cantado en diversas lenguas y estilos a lo largo del mundo enseña a los estudiantes la universalidad de la Iglesia. Pueden aprender cantos gregorianos, himnos contemporáneos o canciones populares de otros países, lo que les ayuda a apreciar la riqueza cultural de la Iglesia Católica y su presencia global. Esta exposición a diversas formas de música sacra también amplía su comprensión del papel que la música juega en diferentes contextos culturales y litúrgicos.

La importancia del canto gregoriano en la formación espiritual

El canto gregoriano es una de las formas más antiguas y veneradas de música sacra dentro de la tradición católica. Aunque a menudo se percibe como un estilo arcaico y reservado solo para contextos litúrgicos específicos, su enseñanza en las escuelas católicas puede tener un impacto significativo en la formación espiritual de los estudiantes. A través de su simplicidad melódica y su carácter contemplativo, el canto gregoriano invita a los niños a una experiencia profunda de oración y meditación.

Uno de los principales beneficios del canto gregoriano en la educación primaria es su capacidad para centrar la atención de los estudiantes en el significado espiritual de la liturgia. Al despojarse de adornos musicales complejos, el canto gregoriano dirige la atención hacia las palabras y su significado teológico. Esto es particularmente valioso en la formación espiritual de los niños, ya que les permite meditar sobre el contenido de las oraciones y los himnos, en lugar de distraerse con elementos musicales adicionales.

Por otro lado, el canto gregoriano introduce a los estudiantes en la rica tradición histórica de la Iglesia. Aprender cantos que han sido entonados por siglos, como el "Ave Maria" o el "Pater Noster", conecta a los niños con generaciones pasadas de fieles que han utilizado la misma música para alabar a Dios. Este sentido de continuidad y pertenencia a una tradición mayor ayuda a los estudiantes a desarrollar una identidad católica más sólida, al sentirse parte de una historia viva que sigue siendo relevante en el presente.

El carácter meditativo del canto gregoriano también favorece un ambiente de recogimiento y silencio en el aula. Cuando los niños cantan en este estilo, son invitados a calmarse, a escuchar su propia respiración y a entrar en un estado de contemplación. Esto es especialmente útil en una sociedad donde los niños están cada vez más rodeados de estímulos constantes y ruido. El canto gregoriano ofrece un respiro en medio de la agitación diaria, proporcionando a los estudiantes un espacio para la reflexión y la oración personal.

La conexión entre la música sacra y los sacramentos

Una de las formas más profundas en que el canto litúrgico y la música sacra influyen en la vida espiritual de los estudiantes es a través de su conexión con los sacramentos. Desde el Bautismo hasta la Eucaristía, cada sacramento está acompañado por un acto litúrgico que a menudo incluye música. La enseñanza de estos cantos en el aula prepara a los niños para participar de manera más plena en la vida sacramental de la Iglesia.

Por ejemplo, en la celebración de la Primera Comunión, los cantos que se entonan durante la liturgia ayudan a los estudiantes a experimentar el misterio de la Eucaristía de manera más profunda. Canciones como "Panis Angelicus" o "Tantum Ergo" no solo embellecen la ceremonia, sino que también transmiten el misterio del Cuerpo y la Sangre de Cristo de una manera que las palabras solas no podrían. La música permite a los niños captar el sentido de lo sagrado a través de una experiencia sensorial que trasciende el intelecto.

En el caso del sacramento de la Confirmación, los cantos solemnes que acompañan la unción con el Santo Crisma refuerzan el carácter sacramental del acto, subrayando la presencia del Espíritu Santo en la vida del confirmado. A través de la música, los estudiantes no solo entienden intelectualmente lo que está ocurriendo, sino que también lo sienten emocionalmente, lo que fortalece su comprensión y aprecio por los sacramentos.

Además, la preparación de los estudiantes para estos sacramentos a menudo incluye la práctica de cantos específicos. Esto no solo les ayuda a participar mejor en la liturgia, sino que también refuerza su catequesis. Las letras de los cantos litúrgicos están profundamente arraigadas en la doctrina católica, lo que significa que al aprender a cantar, los niños también están profundizando su comprensión de la fe.

Los desafíos y beneficios de enseñar canto litúrgico en la educación primaria

Aunque el canto litúrgico ofrece muchos beneficios para la educación católica, su enseñanza no está exenta de desafíos. Uno de los principales obstáculos es la percepción de que este tipo de música es difícil o inaccesible para los niños. Muchos maestros pueden sentirse intimidados por la idea de enseñar canto gregoriano o polifonía, creyendo que los estudiantes no podrán captar estos estilos más complejos.

Sin embargo, la experiencia demuestra que los niños tienen una capacidad sorprendente para aprender música sacra, siempre que se les enseñe de manera adecuada. De hecho, la simplicidad y repetición inherentes al canto gregoriano lo hacen accesible para estudiantes de todas las edades. La clave está en introducir este tipo de música de manera gradual, comenzando con piezas más simples y aumentando la dificultad a medida que los estudiantes se familiarizan con el estilo.

Otro desafío es el tiempo que se requiere para ensayar y perfeccionar el canto litúrgico. Dado que las escuelas primarias ya tienen un currículo académico cargado, encontrar tiempo para ensayar puede ser complicado. Sin embargo, los beneficios espirituales y formativos del canto litúrgico justifican la inversión de tiempo. Al incluir el canto como parte regular de la vida escolar, no solo se está enriqueciendo la experiencia educativa de los estudiantes, sino que también se les está proporcionando una formación espiritual integral.

La integración del canto litúrgico en el currículo escolar

Una manera efectiva de superar los desafíos del tiempo y la percepción de dificultad es integrar el canto litúrgico directamente en el currículo escolar. En lugar de tratar la música sacra como una actividad extracurricular o algo que se practica solo para ocasiones especiales, se puede incorporar en las clases de religión, música y hasta en las clases de historia, creando una experiencia interdisciplinaria que refuerce los valores de la educación católica.

En las clases de religión, el canto litúrgico puede servir como complemento para enseñar a los estudiantes sobre la estructura de la misa y los sacramentos. Por ejemplo, cuando los niños aprenden sobre la liturgia eucarística, pueden practicar cantos como el "Santo" o el "Cordero de Dios", lo que no solo les ayuda a entender la importancia de estos momentos litúrgicos, sino también a participar de manera más activa en la misa.

En las clases de música, el canto litúrgico ofrece una oportunidad única para enseñar conceptos como la notación musical, la técnica vocal y la teoría de la armonía, todo dentro de un contexto religioso. Dado que el canto gregoriano y otros estilos litúrgicos tienen reglas específicas en términos de ritmo y melodía, los estudiantes pueden aprender a leer música mientras estudian piezas que también tienen un significado espiritual. Esto les permite no solo desarrollar sus habilidades musicales, sino también ver la música como una forma de oración y expresión de fe.

Incluso en las clases de historia, el canto litúrgico puede ser un recurso valioso. Los estudiantes pueden aprender sobre el desarrollo del canto gregoriano en la Edad Media, el papel de la música en los monasterios y catedrales, y cómo las reformas litúrgicas a lo largo de la historia han influido en la música sacra. Este enfoque multidisciplinario no solo enriquece la comprensión de los estudiantes sobre el canto litúrgico, sino que también refuerza la importancia de la música en la vida de la Iglesia.

La música litúrgica y el desarrollo moral en los estudiantes

Otro aspecto esencial del canto litúrgico es su capacidad para influir en el desarrollo moral de los estudiantes. Al aprender y practicar estos cantos, los niños están expuestos a valores como la humildad, la reverencia y la gratitud, que son centrales en la vida cristiana. La música, como forma de oración, actúa como un medio a través del cual los estudiantes pueden internalizar estas virtudes de manera más profunda y significativa.

Por ejemplo, el "Kyrie Eleison" (Señor, ten piedad) es una súplica de misericordia que se canta al inicio de la misa. Al aprender este canto, los estudiantes no solo están practicando una melodía, sino que también están asimilando el mensaje de la necesidad de humildad y arrepentimiento en la vida cristiana. La repetición de estas palabras a través de la música tiene un impacto emocional y espiritual que va más allá de la simple memorización, ayudando a los niños a desarrollar una conciencia más profunda de su relación con Dios.

De manera similar, los cantos de alabanza como el "Gloria" o el "Aleluya" enseñan a los estudiantes la importancia de la gratitud y el reconocimiento de la grandeza de Dios. A través de estas canciones, los niños aprenden que la música no es solo un medio de expresión artística, sino también una forma de honrar y glorificar a Dios. Este reconocimiento de que toda creatividad y belleza proviene de Dios refuerza en los estudiantes un sentido de humildad y agradecimiento, dos virtudes fundamentales en la moral cristiana.

Además, el canto litúrgico fomenta la disciplina personal y el compromiso. La práctica y repetición necesarias para perfeccionar los cantos enseñan a los estudiantes la importancia de la perseverancia y el esfuerzo. A medida que trabajan juntos para aprender una pieza musical, también desarrollan un sentido de responsabilidad hacia sus compañeros y hacia la comunidad litúrgica en general. Estos valores, tan importantes en la vida diaria, son cultivados de manera natural a través de la música sacra.

La formación espiritual a través del canto comunitario

La práctica del canto litúrgico no solo beneficia a los estudiantes individualmente, sino que también fortalece el sentido de comunidad dentro de la escuela. Cuando los estudiantes cantan juntos, ya sea en la misa escolar, en una celebración especial o simplemente en el aula, están participando en una actividad que une a toda la comunidad educativa en un acto de adoración colectiva.

Este sentido de unidad es esencial en la educación católica, donde la formación espiritual no se limita a la relación individual con Dios, sino que también se vive a través de la comunión con los demás. Cantar juntos en la liturgia permite a los estudiantes experimentar la Iglesia como un cuerpo unido, donde cada uno tiene un papel importante que desempeñar. Esto refuerza en ellos el sentido de pertenencia a una comunidad de fe que trasciende el ámbito escolar y se extiende a la Iglesia universal.

Además, el canto comunitario promueve la igualdad dentro de la escuela, ya que todos los estudiantes, independientemente de su talento musical o habilidad vocal, son invitados a participar. La liturgia no es un concierto en el que solo los más talentosos cantan, sino un acto de adoración en el que todos los fieles, incluidos los niños, tienen la oportunidad de levantar sus voces en oración. Esto enseña a los estudiantes que en la comunidad cristiana no hay jerarquías de talento o habilidad, sino que todos son igualmente valiosos a los ojos de Dios.

Por último, el canto comunitario fomenta el sentido de responsabilidad hacia los demás. Cuando los estudiantes cantan en coro, deben aprender a escuchar a sus compañeros y a ajustar su voz para armonizar con el grupo. Este acto de colaboración refuerza la importancia del respeto mutuo y el trabajo en equipo, cualidades que son fundamentales en la vida cristiana y en la vida comunitaria en general.

La implementación práctica del canto litúrgico en la escuela

Para que el canto litúrgico cumpla su función pedagógica y espiritual en las escuelas católicas, es esencial una implementación bien planificada. Esto implica la integración de la música sacra en la rutina escolar de manera que no sea una actividad aislada, sino una parte fundamental del día a día. A continuación, se presentan algunas estrategias prácticas para incorporar el canto litúrgico en la educación primaria.

1. **Asignar tiempo regular para el canto litúrgico**: Una de las maneras más efectivas de garantizar que los estudiantes se beneficien plenamente del canto litúrgico es incorporarlo en el horario escolar de manera sistemática. Se puede dedicar un tiempo semanal específico para la práctica de estos cantos en clases de música, o bien, como parte de las clases de religión. Si los estudiantes practican el canto litúrgico de manera regular, estarán más preparados para participar en la liturgia y otros actos religiosos.

2. **Integrar la música sacra en las celebraciones litúrgicas escolares**: Las misas escolares, celebraciones de la palabra o actos de oración son momentos ideales para que los estudiantes pongan en práctica lo que han aprendido en el aula. La participación activa en el canto durante estos momentos litúrgicos refuerza el aprendizaje y permite que los estudiantes experimenten el poder del canto litúrgico en su contexto natural. Además, estos momentos les ayudan a comprender mejor el papel de la música en la vida espiritual.

3. **Capacitación de los maestros y directores de coro**: Para implementar con éxito el canto litúrgico en las escuelas, es esencial que los maestros y directores de coro tengan la formación adecuada. Esto puede incluir talleres sobre el canto gregoriano, la música sacra contemporánea y la enseñanza del canto coral a niños. Equipar a los docentes con las herramientas necesarias no solo mejora la calidad

de la enseñanza, sino que también asegura que los estudiantes reciban una formación musical y espiritual profunda.

4. **Involucrar a los padres y la comunidad**: El éxito del canto litúrgico en las escuelas también puede depender del apoyo de los padres y la comunidad. Al involucrar a los padres en actividades musicales, como presentaciones escolares o misas familiares, se refuerza el papel de la música sacra en la vida de los niños fuera del ámbito escolar. De esta manera, los estudiantes ven el canto litúrgico no solo como una actividad escolar, sino como una parte integral de su vida religiosa y familiar.

5. **Utilizar recursos multimedia y tecnológicos**: En la era digital, los recursos multimedia pueden ser de gran ayuda para enseñar canto litúrgico de manera más accesible y atractiva. Existen aplicaciones y plataformas en línea que permiten a los estudiantes practicar los cantos litúrgicos desde sus hogares, aprender sobre la historia de la música sacra y escuchar interpretaciones profesionales. Estos recursos también pueden ser utilizados en el aula para enriquecer la enseñanza y despertar el interés de los niños por el canto litúrgico.

Conclusión del capítulo

El canto litúrgico, lejos de ser solo un complemento de la educación católica, puede convertirse en un pilar fundamental en la formación integral de los estudiantes. A través de su enseñanza, los niños no solo desarrollan habilidades musicales, sino que también profundizan en su comprensión de la liturgia, fortalecen su identidad católica y crecen en su relación con Dios y con la comunidad de fe.

Incorporar el canto litúrgico en la educación primaria no es solo una cuestión de preservar una tradición antigua, sino de ofrecer a los estudiantes una herramienta poderosa para su desarrollo espiritual y moral. La música sacra tiene la capacidad única de tocar el corazón y el alma, y al hacerlo, prepara a los niños para vivir su fe de manera más auténtica y profunda.

Capítulo 4: La Música como Expresión de la Fe en las Celebraciones Escolares

Las celebraciones escolares en instituciones católicas son oportunidades valiosas para que los estudiantes vivan su fe de manera comunitaria y significativa. En este contexto, la música juega un papel central, no solo como elemento de apoyo litúrgico, sino también como expresión directa de la fe. El canto y la música tienen el poder de transformar una celebración escolar en un espacio donde los estudiantes pueden experimentar la trascendencia, la comunidad y el gozo de vivir su fe.

El papel de la música en las celebraciones escolares

Las celebraciones escolares, como las misas, las procesiones, las fiestas patronales o las ceremonias de graduación, son momentos cruciales en la vida de una comunidad educativa católica. En estos eventos, la música no solo acompaña los ritos, sino que también eleva el espíritu de los participantes, ayudándolos a conectar más profundamente con lo sagrado.

La música en estas celebraciones tiene una función tanto ritual como expresiva. Por un lado, acompaña y resalta los momentos clave de la liturgia o la celebración, como la entrada procesional, la consagración, o la comunión. Por otro lado, permite a los participantes expresar sentimientos de alegría, gratitud, arrepentimiento o devoción, según el carácter de la celebración. Es a través de los himnos y cantos que los estudiantes pueden expresar colectivamente su fe, fortaleciendo así el sentido de comunidad cristiana.

Además, las celebraciones escolares son una oportunidad para que los estudiantes pongan en práctica lo que han aprendido en sus clases de música y religión. Al participar activamente en el canto y la música, los estudiantes no solo están cumpliendo un rol dentro de la celebración, sino que también están fortaleciendo su propio vínculo personal con Dios y con la comunidad.

La planificación musical en las celebraciones escolares

Una planificación musical cuidadosa es fundamental para asegurar que la música en las celebraciones escolares tenga un impacto duradero en los estudiantes. Los responsables de la música en estas celebraciones, ya sean maestros de música, directores de coro o sacerdotes, deben seleccionar cantos y piezas que sean accesibles para los estudiantes, pero que también reflejen la solemnidad y el propósito de la ocasión.

1. **Elección de repertorio**: La selección del repertorio musical debe tener en cuenta el carácter litúrgico o festivo de la celebración. En el caso de las misas escolares, los cantos deben estar alineados con las lecturas del día y el ciclo litúrgico. Por ejemplo, durante el Adviento, los cantos de espera y esperanza, como "Ven, Señor, no tardes", son apropiados, mientras que en Pascua se cantan himnos de alegría y resurrección, como "Resucitó".

En otros tipos de celebraciones, como las procesiones o las fiestas patronales, el repertorio puede incluir cantos populares de devoción, como "Cristo bendito", dependiendo de la tradición local y el contexto de la celebración.

2. **Participación activa de los estudiantes**: Uno de los objetivos principales de la música en las celebraciones escolares es fomentar la participación activa de los estudiantes. Para lograr esto, es esencial que los cantos seleccionados sean conocidos por los estudiantes y fáciles de interpretar. Ensayar los himnos y cantos previamente en el aula es crucial para que los estudiantes se sientan cómodos participando durante la celebración.

Además, se puede fomentar la participación de los estudiantes asignándoles roles específicos, como ser parte del coro, tocar instrumentos o dirigir partes del canto. Esta participación activa no solo mejora la calidad musical de la celebración, sino que también fortalece el sentido de pertenencia de los estudiantes a la comunidad.

3. **Contextualización pedagógica de la música**: Es importante que los estudiantes comprendan el significado de las piezas musicales que cantan en las celebraciones. Esto implica contextualizar la música dentro del marco litúrgico o festivo, explicando el contenido teológico y espiritual de los cantos. Por ejemplo, antes de una misa escolar, los maestros pueden dedicar tiempo a explicar el significado de cantos como "Santo, Santo" o el "Agnus Dei", para que los estudiantes comprendan mejor su propósito y lo canten con mayor devoción.

La música y la creación de una atmósfera sagrada

Una de las funciones más poderosas de la música en las celebraciones escolares es su capacidad para crear una atmósfera sagrada. A través de los sonidos, ritmos y melodías, la música puede transformar un espacio ordinario, como el gimnasio o el patio de la escuela, en un lugar de encuentro con lo divino.

La atmósfera sagrada no se crea solo con los cantos durante la misa, sino también con la música instrumental que puede acompañar el inicio o final de una celebración. Un preludio musical, por ejemplo, puede preparar el ambiente antes de que comience la ceremonia, ayudando a los estudiantes a entrar en una actitud de recogimiento y oración. Del mismo modo, la música instrumental al final de una celebración puede proporcionar un momento de reflexión y gratitud, invitando a los estudiantes a llevar consigo el mensaje espiritual del evento.

Además, la creación de una atmósfera sagrada a través de la música no depende únicamente de los instrumentos o del coro, sino también de la actitud con la que se participa. Los estudiantes deben ser guiados a entender que su participación en el canto es una forma de oración, y que a través de su voz están contribuyendo a la construcción de un espacio donde todos pueden encontrarse con Dios.

Desarrollando una identidad comunitaria a través de la música

La música no solo enriquece las celebraciones escolares a nivel individual, sino que también desempeña un papel clave en el desarrollo de una identidad comunitaria. A través del canto conjunto, los estudiantes experimentan una conexión más profunda con sus compañeros y con la comunidad escolar en general.

El canto comunitario refuerza la idea de que la fe católica no es solo una experiencia personal, sino una vivida en comunión con otros. Al cantar juntos, los estudiantes no solo se expresan a sí mismos, sino que también participan en un acto colectivo de fe. Esta experiencia fortalece los lazos entre los estudiantes y les enseña el valor de la unidad y la solidaridad dentro de la comunidad cristiana.

La música como herramienta para la inclusión y la integración en las celebraciones escolares

Uno de los aspectos más valiosos de la música en las celebraciones escolares es su capacidad para integrar a todos los estudiantes, independientemente de sus habilidades o antecedentes. En una comunidad escolar, es común encontrar una diversidad de talentos musicales, experiencias litúrgicas y niveles de comprensión religiosa. Sin embargo, la música tiene el poder de reunir a todos en un acto común de alabanza y oración, eliminando barreras y promoviendo la inclusión.

1. **La música como lenguaje universal**: La música tiene un carácter universal que trasciende las barreras del lenguaje y la cultura. Incluso en escuelas con diversidad cultural o lingüística, la música litúrgica tiene el poder de unir a los estudiantes en una expresión compartida de fe. Por ejemplo, los himnos como el "Aleluya" o el "Gloria" son conocidos en todo el mundo y permiten a los estudiantes de diferentes orígenes cantar juntos, creando un sentido de unidad y pertenencia.

Además, las melodías sencillas y repetitivas de muchos cantos litúrgicos permiten que todos los estudiantes participen, incluso aquellos que pueden tener dificultades con la lectura o la memorización de letras largas. El uso de gestos o movimientos sencillos asociados con los cantos también puede facilitar la participación activa de todos los estudiantes, incluidas las personas con discapacidades o necesidades especiales.

2. **La música para fomentar la igualdad entre los estudiantes**: En una celebración escolar, todos los estudiantes tienen la oportunidad de participar en la música, ya sea cantando, tocando instrumentos o colaborando en la planificación musical. Este enfoque inclusivo enseña a los estudiantes que en la liturgia no hay jerarquías de talento o habilidad. Todos pueden contribuir, y todos son valorados por su participación.

La música también ofrece una plataforma donde los estudiantes pueden expresarse de manera equitativa. Ya sea que un estudiante tenga una voz fuerte o suave, una gran habilidad instrumental o ninguna experiencia previa, todos tienen un lugar en el coro o en el grupo musical. Esta inclusión fomenta la igualdad y ayuda a construir una comunidad donde cada individuo es respetado y valorado por su contribución.

3. **Música para conectar generaciones**: La música en las celebraciones escolares también puede servir como puente entre generaciones. En muchas comunidades escolares, las celebraciones incluyen la participación de familias, miembros de la parroquia y antiguos alumnos. Al utilizar cantos tradicionales que han sido parte de la vida litúrgica durante generaciones, los estudiantes pueden sentirse conectados con la rica herencia de la Iglesia.

Este vínculo intergeneracional es especialmente fuerte en las fiestas patronales y otras celebraciones religiosas donde la comunidad en general está invitada a participar. La música, al ser compartida por personas de diferentes edades y contextos, refuerza la continuidad de la fe y la tradición dentro de la escuela. Los estudiantes pueden aprender de los mayores y, al mismo tiempo, ser un testimonio vivo de fe para ellos.

El impacto emocional y espiritual de la música en los estudiantes

La música no solo tiene un efecto pedagógico en la educación religiosa de los estudiantes, sino que también tiene un impacto emocional y espiritual que es difícil de medir, pero profundamente significativo. Los momentos en los que los estudiantes se involucran en el canto litúrgico durante una celebración escolar pueden tener un impacto duradero en su vida espiritual, ayudándolos a desarrollar una conexión más profunda con Dios.

1. **El poder de la música para mover el corazón**: La música tiene una capacidad única para tocar el corazón de las personas de una manera que las palabras solas a veces no pueden. En las celebraciones escolares, los cantos y himnos pueden ayudar a los estudiantes a sentir más intensamente las emociones de la liturgia, ya sea la alegría de la Pascua, la reflexión del Adviento o la solemnidad del Viernes Santo.

Esta conexión emocional puede ser especialmente importante para los niños, quienes a menudo tienen dificultades para expresar sus sentimientos o comprender conceptos abstractos como el sacrificio, la redención o la gracia. La música, al actuar como un canal emocional, ayuda a los estudiantes a comprender y vivir estas realidades espirituales de manera más tangible.

2. **La música como medio para el encuentro con Dios**: La tradición de la Iglesia enseña que el canto litúrgico es una forma de oración, y que "quien canta, ora dos veces" (San

Agustín). Este principio es especialmente relevante para los estudiantes, quienes pueden encontrar en la música un medio poderoso para acercarse a Dios. A través del canto, los estudiantes pueden experimentar una forma de oración que no es solo verbal, sino también física y emocional.

Esta experiencia de la música como oración puede ser transformadora para los estudiantes, ayudándoles a desarrollar una vida de fe más profunda y significativa. Al cantar juntos en comunidad, los niños no solo están compartiendo una experiencia musical, sino que también están participando en un acto colectivo de alabanza y adoración a Dios.

Desafíos y oportunidades en el uso de la música en celebraciones escolares

Aunque la música tiene un inmenso potencial para enriquecer las celebraciones escolares, también presenta desafíos que deben ser abordados para que su implementación sea efectiva. Algunos de estos desafíos incluyen la falta de recursos musicales, la formación insuficiente de los maestros y la necesidad de equilibrar la tradición con la innovación.

1. **Desafíos de recursos**: En algunas escuelas, especialmente en aquellas con recursos limitados, puede ser un reto contar con los instrumentos, partituras o personal necesario para organizar una celebración musicalmente rica. Sin embargo, es posible superar estas limitaciones con creatividad. El uso de la voz como principal instrumento, la formación de coros a capella y la utilización de recursos digitales pueden compensar la falta de instrumentos físicos.

2. **Formación de maestros**: Otro desafío común es la formación musical de los maestros. No todos los docentes tienen una preparación formal en música, lo que puede dificultar la enseñanza y coordinación de las celebraciones escolares. Para enfrentar este reto, es crucial ofrecer oportunidades de formación continua a los maestros, ya sea a través de talleres, cursos o el apoyo de especialistas en música litúrgica.

La importancia de los coros estudiantiles en las celebraciones escolares

Uno de los aspectos clave que puede enriquecer las celebraciones escolares es la formación de coros estudiantiles. Estos grupos no solo elevan la calidad musical de las celebraciones, sino que también proporcionan a los estudiantes una experiencia formativa y comunitaria muy valiosa. Los coros permiten a los niños desarrollar habilidades musicales y sociales, al mismo tiempo que les ofrecen una oportunidad única para participar activamente en la vida litúrgica de la escuela.

1. **Fomentar la cooperación y la disciplina**: Participar en un coro implica trabajar en equipo, lo que fomenta en los estudiantes valores como la cooperación, el respeto mutuo y la disciplina. En un coro, cada voz es importante, pero todas deben ajustarse para crear una armonía. Esto enseña a los estudiantes la importancia de escuchar a los demás, de seguir instrucciones y de trabajar juntos para alcanzar un objetivo común. Estos valores son esenciales no solo en el ámbito musical, sino también en su desarrollo como personas.

2. **Desarrollo de habilidades musicales**: Los coros estudiantiles ofrecen a los niños la oportunidad de desarrollar habilidades musicales que pueden no adquirir en el contexto de las clases regulares de música. El aprendizaje del canto coral incluye aspectos técnicos, como la respiración, la afinación, la lectura de partituras y la interpretación de diferentes estilos de música. Además, al estar expuestos a repertorios litúrgicos, los estudiantes adquieren una comprensión más profunda de la música sacra y su papel dentro de la tradición católica.

3. **Sentido de pertenencia y orgullo escolar**: Los coros estudiantiles también ayudan a los niños a desarrollar un sentido de pertenencia a la comunidad escolar. Al participar en eventos importantes, como misas, festividades y ceremonias, los estudiantes experimentan el orgullo de representar a su escuela. Este sentimiento de pertenencia puede fortalecer su autoestima y fomentar un vínculo más profundo con su institución educativa y con su fe.

4. **Preparación para las celebraciones importantes**: Los coros también cumplen una función crucial en las celebraciones escolares más significativas, como la Semana Santa, la Navidad o las fiestas patronales. En estas ocasiones, el coro suele tener un papel central, liderando los cantos y ayudando a que la comunidad participe de manera más activa. La preparación para estos eventos es una oportunidad para que los estudiantes trabajen juntos en un proyecto común, que no solo tiene una dimensión musical, sino también espiritual.

La música como medio de evangelización

Más allá del contexto litúrgico y educativo, la música en las celebraciones escolares puede ser vista también como un medio de evangelización. A través del canto y la música, los estudiantes no solo aprenden sobre su fe, sino que también se convierten en testigos de ella. En este sentido, la música no es solo una herramienta educativa, sino también una forma de transmitir el mensaje del Evangelio.

1. **La música como testimonio de fe**: En las celebraciones escolares, la música permite a los estudiantes expresar públicamente su fe. Al cantar himnos y cantos litúrgicos, los niños participan en un acto de testimonio colectivo que refuerza su identidad católica. Este testimonio no solo tiene un impacto en los propios estudiantes, sino también en las personas que los rodean, como sus compañeros, maestros, padres y miembros de la comunidad. La música, por lo tanto, se convierte en una herramienta poderosa para evangelizar y fortalecer la fe dentro y fuera del ámbito escolar.

2. **Cantos que comunican el mensaje del Evangelio**: La selección del repertorio musical en las celebraciones escolares debe ser cuidadosamente pensada para comunicar el mensaje del Evangelio. Los cantos litúrgicos, especialmente aquellos que se centran en la vida, muerte y resurrección de Cristo, permiten a los estudiantes reflexionar sobre los misterios centrales de la fe católica. Al cantar estos himnos, los niños no solo están aprendiendo sobre su religión, sino que también están participando en la proclamación de la Buena Nueva.

3. **Evangelización a través de presentaciones escolares**: Además de las celebraciones litúrgicas, las escuelas católicas a menudo organizan eventos musicales, como conciertos navideños, recitales o presentaciones temáticas. Estos eventos ofrecen una oportunidad única para que los estudiantes compartan su fe a través de la música con un público más amplio, que puede incluir no solo a la comunidad escolar, sino también a personas ajenas a la escuela. Este tipo de actividades, donde la música litúrgica y religiosa es el foco, pueden tener un profundo impacto evangelizador, ya que transmiten valores cristianos a través del arte y la belleza musical.

La música y el sentido del tiempo litúrgico en la escuela

Uno de los objetivos clave de la educación católica es enseñar a los estudiantes a vivir según el ciclo litúrgico de la Iglesia. La música es una herramienta poderosa para ayudar a los niños a comprender y experimentar los diferentes tiempos litúrgicos, como el Adviento, la Cuaresma, la Pascua y el Tiempo Ordinario. A través de la música, los estudiantes pueden sentir los cambios de tono, emoción y enfoque que caracterizan cada una de estas temporadas.

1. **Adviento y Navidad**: Durante el Adviento, la música que se utiliza en las celebraciones escolares tiende a ser más solemne y reflexiva, preparándonos para la llegada del Salvador. Himnos como "Ven, Señor" ayudan a los estudiantes a entrar en el espíritu de la espera y la preparación espiritual. En Navidad, la música se transforma en expresiones de alegría y celebración, con himnos como "Noche de Paz" y "Alegría, alegría" que celebran el nacimiento de Cristo.

2. **Cuaresma y Pascua**: La Cuaresma es un tiempo de reflexión y arrepentimiento, y la música en las celebraciones escolares refleja este tono. Cantos como "Perdona a tu pueblo" y "Cerca de ti, Señor" invitan a los estudiantes a reflexionar sobre su relación con Dios y a buscar la reconciliación. En contraste, la Pascua es una temporada de alegría y esperanza, y los himnos pascuales, como "Resucitó" y "Alabaré", permiten a los estudiantes celebrar la resurrección de Cristo y el triunfo de la vida sobre la muerte.

3. **Tiempo Ordinario**: Durante el Tiempo Ordinario, la música en las celebraciones escolares puede enfocarse en temas como el seguimiento de Cristo, la vida cristiana y el crecimiento en la fe. Los cantos que se utilizan en este tiempo, como "Yo tengo un amigo que me ama" o "La Fe en Ti", ayudan a los estudiantes a comprender que, aunque no estemos en una temporada litúrgica especial, cada día es una oportunidad para vivir nuestra fe de manera activa y significativa.

Conclusión del capítulo

La música en las celebraciones escolares no es solo un acompañamiento litúrgico, sino una forma fundamental de vivir y expresar la fe católica. A través del canto y la participación musical, los estudiantes no solo aprenden sobre su religión, sino que también la experimentan de manera profunda y significativa. La música tiene el poder de transformar una simple ceremonia en un encuentro sagrado, de unir a una comunidad y de evangelizar tanto dentro como fuera del ámbito escolar.

Con una planificación cuidadosa, un enfoque inclusivo y una profunda comprensión de su valor espiritual, la música en las celebraciones escolares puede convertirse en una de las herramientas más poderosas para el desarrollo integral de los estudiantes en las escuelas católicas.

Capítulo 5: Espiritualidad a través del canto

La música es una de las formas más sublimes y poderosas para conectar con la dimensión espiritual del ser humano. A lo largo de la historia, el canto ha sido utilizado por las religiones para expresar la relación con lo sagrado, y en el contexto del catolicismo, el canto tiene un lugar destacado en la vida litúrgica y personal de los creyentes. En las escuelas católicas, enseñar a los niños a descubrir la espiritualidad a través del canto no solo les proporciona una experiencia estética y educativa, sino que también les ayuda a cultivar su fe, fortalecer su relación con Dios y profundizar en la oración.

1. **El canto como forma de oración**: Desde los primeros tiempos del cristianismo, el canto ha sido considerado una forma elevada de oración. San Agustín, uno de los Padres de la Iglesia, afirmaba que "quien canta, ora dos veces". Esta afirmación refleja la profunda conexión entre la música y la oración, ya que a través del canto, el creyente no solo pronuncia las palabras, sino que también añade una dimensión emocional y espiritual que eleva la experiencia de la oración.

En la escuela, enseñar a los niños a cantar como una forma de oración puede transformar su relación con la liturgia y con Dios. Cantar oraciones como el "Padre Nuestro", el "Ave María" o los salmos puede ser una forma de enseñarles a expresar sus emociones más profundas, como el agradecimiento, la súplica o el arrepentimiento. Al integrar la música en la oración diaria, los estudiantes aprenden a experimentar la fe no solo con la mente, sino también con el corazón.

2. **La experiencia de la comunión a través del canto comunitario**: El canto colectivo en la escuela tiene una capacidad única para unir a los estudiantes en una experiencia compartida de fe. A través del canto, los niños experimentan la comunión con sus compañeros, pero también con la Iglesia universal, ya que muchos de los cantos litúrgicos han sido utilizados por generaciones de creyentes en todo el mundo. Esta sensación de pertenencia a una comunidad de fe más amplia puede ser particularmente poderosa para los estudiantes, quienes pueden sentirse conectados tanto con sus compañeros como con la tradición de la Iglesia.

Además, el canto comunitario enseña a los niños la importancia de la cooperación y el respeto mutuo. Al cantar juntos, los estudiantes deben escuchar a los demás, ajustar sus voces y mantener el ritmo y la melodía. Esta experiencia no solo les ayuda a desarrollar habilidades musicales, sino también virtudes como la paciencia, la humildad y la solidaridad.

3. **El canto y los sacramentos**: En la vida espiritual de los católicos, los sacramentos son momentos de encuentro especial con Dios, y el canto tiene un papel importante en muchas de estas celebraciones. En particular, la Eucaristía, el "sacramento de la comunión", es un momento donde el canto desempeña una función esencial para ayudar a los creyentes a entrar en un estado de oración y alabanza.

En las escuelas católicas, los niños pueden aprender a utilizar el canto como una forma de preparar sus corazones para recibir los sacramentos. Por ejemplo, los cantos que acompañan la Misa, como el "Santo", el "Cordero de Dios" y el "Gloria", permiten a los estudiantes vivir la liturgia de una manera más intensa. Al enseñarles el significado de estos cantos, los maestros pueden ayudar a los estudiantes a comprender que el canto no es solo una parte decorativa de la liturgia, sino un medio para abrirse a la gracia divina y entrar en contacto con lo sagrado.

El canto como vehículo para la interiorización de los valores cristianos

Además de ser una forma de oración, el canto tiene el poder de transmitir y reforzar valores espirituales y morales de manera efectiva. Los niños, al aprender cantos litúrgicos y canciones religiosas, no solo aprenden melodías, sino que también interiorizan los valores y enseñanzas que esos cantos comunican. La repetición de estos himnos permite que los mensajes del Evangelio y los valores cristianos sean grabados en el corazón y la mente de los estudiantes.

1. **Cantos que transmiten el mensaje del Evangelio**: Muchos cantos litúrgicos y espirituales están directamente basados en las Escrituras, lo que los convierte en una excelente herramienta para enseñar a los niños los relatos y enseñanzas bíblicas. Por ejemplo, himnos como "El Señor es mi Pastor" están basados en el Salmo 23, y enseñan a los estudiantes sobre la confianza en Dios y su providencia. Otros cantos, como "Amaos los unos a los otros", se enfocan en las enseñanzas de Jesús sobre el amor al prójimo, reforzando el llamado cristiano al servicio y la compasión.

Al cantar estos himnos repetidamente, los estudiantes no solo están memorizando melodías, sino también profundizando en su comprensión de los valores y principios del Evangelio. Esto facilita que dichos valores se traduzcan en acciones concretas en su vida diaria.

2. **El canto como recordatorio de la presencia de Dios**: El acto de cantar canciones religiosas o himnos durante la jornada escolar puede ser un recordatorio constante de la presencia de Dios en la vida diaria. Incluso fuera del contexto litúrgico, el simple hecho de cantar o escuchar una melodía puede traer a la mente y al corazón la cercanía de Dios. Este hábito de cantar canciones de fe ayuda a los niños a mantenerse conectados con su espiritualidad, aún en los momentos cotidianos de sus vidas escolares.

Además, al aprender cantos de alabanza y gratitud, los estudiantes son guiados hacia una actitud constante de agradecimiento y reconocimiento de la bondad de Dios en todas las circunstancias. Este enfoque fortalece la fe y proporciona un marco espiritual que los acompaña en su crecimiento personal.

El canto en la vida cotidiana de la escuela católica

El canto puede integrarse no solo en momentos litúrgicos o en las clases de música, sino también en las actividades cotidianas de la escuela católica. Al incorporar el canto en momentos como el inicio de la jornada escolar, las transiciones entre clases o el final del día, se crea un ambiente donde la espiritualidad impregna la vida diaria de los estudiantes.

1. **Canto en las transiciones y pausas del día**: Uno de los momentos más efectivos para introducir el canto en la rutina diaria es durante las transiciones entre clases o actividades. Un breve canto de agradecimiento o alabanza

puede ayudar a los niños a centrar su atención y a recordar la presencia de Dios en todo lo que hacen. Por ejemplo, antes de comenzar una lección, se podría entonar un pequeño himno que invite a la reflexión y al recogimiento, creando un ambiente propicio para el aprendizaje y el respeto.

Además, momentos como el recreo o la salida pueden ser acompañados de canciones alegres y participativas que refuercen el sentido de comunidad y celebren la alegría de vivir la fe juntos. Este tipo de dinámicas promueven una atmósfera de armonía y cooperación entre los estudiantes.

2. **Cantos para momentos significativos del año litúrgico**: A lo largo del año, la Iglesia celebra diferentes momentos litúrgicos, como el Adviento, la Cuaresma, la Pascua y las fiestas de santos importantes. Estos tiempos ofrecen una oportunidad única para que los estudiantes vivan más plenamente su fe a través del canto. Al enseñarles cantos específicos para estas temporadas, los maestros pueden ayudar a los niños a prepararse espiritualmente para cada celebración.

Por ejemplo, en el tiempo de Adviento, se pueden introducir cantos de espera y esperanza, como "Ven, Señor Jesús", que ayudan a los niños a comprender el significado del nacimiento de Cristo. Durante la Cuaresma, los cantos de arrepentimiento y reflexión, como el "Perdón, Señor", pueden acompañar las actividades de penitencia y oración, creando un ambiente adecuado para la preparación espiritual.

3. **El impacto emocional del canto en la vida espiritual**: La música tiene un impacto directo en las emociones

humanas, y esto es especialmente cierto cuando se utiliza en contextos religiosos. Los cantos pueden despertar una amplia gama de emociones, desde la alegría hasta la contemplación profunda, lo que permite a los estudiantes conectar de manera más personal con los aspectos emocionales de la fe. Cantar himnos de alabanza y gratitud ayuda a los niños a expresar su alegría y amor por Dios, mientras que los cantos de súplica o arrepentimiento les permiten reflexionar sobre sus acciones y su relación con los demás.

Este proceso emocional contribuye al desarrollo de una espiritualidad integral, donde la música no solo educa el intelecto, sino también el corazón. A través del canto, los niños aprenden a expresar sus sentimientos más profundos, ya sea gratitud, tristeza, esperanza o fe, lo que enriquece su experiencia espiritual.

El canto como medio de expresión personal y comunitaria

El canto ofrece a los estudiantes una manera única de expresarse tanto individualmente como en comunidad. A través de la música, los niños pueden encontrar su propia voz y, al mismo tiempo, sentirse parte de algo más grande: la comunidad de creyentes. En este sentido, el canto no solo refuerza la espiritualidad personal, sino también la identidad colectiva en la fe.

1. **Canto como expresión de la identidad personal**: Para muchos niños, el canto les permite conectar con sus propias emociones y reflexiones espirituales. Al entonar himnos y canciones religiosas, los estudiantes tienen la oportunidad de poner en palabras y melodías sus propias experiencias de fe. Este proceso de autoexpresión es esencial en la formación de una identidad espiritual sólida,

donde cada niño es capaz de articular su relación con Dios de una manera personal.

Además, el canto puede ser una forma poderosa de procesar y expresar emociones que, de otro modo, serían difíciles de comunicar. Los estudiantes pueden encontrar consuelo en las letras de un himno o inspiración en una melodía que les ayude a sentirse más cercanos a Dios. Esta capacidad de expresar sentimientos espirituales a través del canto contribuye al crecimiento emocional y espiritual de los niños.

2. **Canto como celebración comunitaria**: A nivel comunitario, el canto une a los estudiantes en una celebración compartida de su fe. Ya sea en la Misa escolar, en celebraciones especiales o simplemente en momentos de oración en el aula, el canto colectivo refuerza el sentido de pertenencia a una comunidad de creyentes. Los niños experimentan la fe de manera colectiva, lo que fortalece los lazos entre ellos y les enseña el valor de la unidad en la Iglesia.

Esta participación comunitaria en el canto también fomenta la solidaridad y el respeto mutuo. Los estudiantes aprenden a colaborar en un esfuerzo común, ajustando sus voces y sincronizando sus ritmos para crear una experiencia armoniosa. En este sentido, el canto se convierte en una metáfora de la vida en comunidad: cada uno aporta lo suyo para crear algo más grande y hermoso.

3. **El canto como acto de alabanza y adoración**: En su forma más pura, el canto es un acto de alabanza y adoración a Dios. A través de la música, los estudiantes pueden ofrecer lo mejor de sí mismos en un acto de gratitud y veneración.

Esta dimensión de alabanza es central en la espiritualidad católica, ya que enseña a los niños a reconocer la grandeza de Dios y a responder con gozo y gratitud. En la escuela, el canto puede ser una manera diaria de alabar a Dios, transformando incluso los momentos más comunes en oportunidades de adoración.

Conclusión del capítulo

El canto, como expresión espiritual, es una herramienta poderosa en la educación primaria católica. A través de la música, los estudiantes no solo desarrollan habilidades artísticas, sino que también profundizan en su fe y su relación con Dios. El canto les permite orar, meditar y expresar sus emociones espirituales de manera única, tanto a nivel personal como comunitario. Los cantos que se entonan en la liturgia y en el día a día escolar refuerzan valores cristianos, crean una sensación de unidad en la comunidad y permiten a los niños vivir su fe de manera activa y participativa.

La música tiene el poder de convertir los momentos ordinarios en experiencias extraordinarias de alabanza y oración. A través de cantos que expresan la fe, la esperanza y el amor, los estudiantes descubren que la espiritualidad no es solo algo que se vive en la Iglesia, sino una realidad que puede estar presente en cada aspecto de la vida diaria. En definitiva, el canto ayuda a los niños a crecer en su vida espiritual, permitiéndoles acercarse a Dios y a los demás de una manera más profunda y auténtica.

Capítulo 6: Propuestas Didácticas

La enseñanza de la música en la educación primaria, cuando se integra con una perspectiva espiritual y religiosa, puede ser transformadora para los estudiantes. En este capítulo, se presentarán propuestas didácticas concretas que permiten integrar la música y la religión católica de manera efectiva en el aula. Estas propuestas buscan no solo el desarrollo musical, sino también la formación espiritual y moral de los niños, fomentando un crecimiento integral.

1. El enfoque pedagógico de la música con sentido espiritual

Para diseñar propuestas didácticas efectivas, es esencial contar con un enfoque pedagógico claro que una el desarrollo musical con los valores cristianos. Este enfoque debe basarse en principios que promuevan el respeto, la creatividad y la colaboración, con un fuerte énfasis en el uso de la música como medio de expresión espiritual.

1. **Metodología activa y participativa**: La música, por naturaleza, invita a la participación activa de los estudiantes. Las clases deben estar diseñadas para ser dinámicas, donde los niños puedan experimentar con instrumentos, el canto y el ritmo, permitiéndoles ser parte del proceso de creación musical. Al integrar cantos religiosos y himnos, los estudiantes se sienten conectados con su fe, ya que la música se convierte en una forma de oración activa.

En este sentido, se recomienda que las actividades incluyan momentos de reflexión antes y después de cada ejercicio musical.

Por ejemplo, antes de comenzar una actividad de canto, los estudiantes pueden reflexionar sobre el mensaje del himno que van a entonar y cómo ese mensaje se relaciona con su vida diaria.

2. **La integración de la espiritualidad a través de proyectos interdisciplinares**: Para que la música tenga un impacto espiritual más profundo, es recomendable que se integre con otras áreas del currículo. Por ejemplo, proyectos que unan música con educación religiosa, arte o lengua permiten a los estudiantes ver la conexión entre distintas disciplinas y su fe. Un proyecto interdisciplinario podría incluir la creación de un musical sobre la vida de un santo o el desarrollo de una obra teatral basada en una parábola del Evangelio, donde los estudiantes no solo canten, sino que también actúen y reflexionen sobre los valores cristianos que se presentan.

3. **La enseñanza de la música como proceso comunitario**: La música debe ser presentada como una actividad que fortalece la comunidad y el sentido de pertenencia. Las clases deben fomentar la colaboración entre los estudiantes, ya sea a través del canto en coro o la creación de piezas musicales en grupo. La música comunitaria refleja la unidad en la diversidad, un valor central en la fe católica.

Los estudiantes pueden ser asignados en grupos para componer una canción basada en un salmo o una lectura bíblica, donde cada grupo tenga la tarea de crear una melodía o añadir instrumentos. Esto no solo fortalece sus habilidades musicales, sino que también les enseña a trabajar juntos, escucharse y valorar las contribuciones de los demás.

2. Propuestas para la enseñanza del canto litúrgico

Una de las formas más efectivas de unir música y espiritualidad es a través del canto litúrgico. Este tipo de canto no solo enseña habilidades vocales, sino que también conecta a los estudiantes con la tradición viva de la Iglesia. A continuación, se presentan propuestas didácticas que pueden implementarse para enseñar cantos litúrgicos en el aula.

1. **Inmersión en el repertorio litúrgico básico**: Es importante que los estudiantes conozcan los himnos y cantos más representativos de la liturgia católica. Canciones como "Santo, Santo, Santo", "Alabaré", o "Ven, Espíritu Santo" forman parte de las celebraciones litúrgicas y son una excelente manera de introducir a los niños en el contexto de la Misa y otros sacramentos.

Para esta propuesta, se recomienda trabajar semanalmente con un himno diferente, comenzando con una breve explicación sobre su significado y origen. Luego, se puede guiar a los estudiantes en el aprendizaje de la letra y melodía, dividiendo el canto en secciones. Es útil utilizar recursos visuales, como proyectores o pizarras, para mostrar la letra y relacionarla con pasajes bíblicos o momentos de la liturgia. Después de aprender el himno, los estudiantes pueden ser invitados a reflexionar sobre su significado espiritual y personal.

2. **Creación de un coro escolar litúrgico**: Un coro escolar ofrece a los estudiantes la oportunidad de participar activamente en la vida litúrgica de la escuela y la parroquia. La formación de un coro puede comenzar con ensayos semanales, donde los niños practican tanto cantos tradicionales como modernos, siempre con un enfoque espiritual.

El proceso de formar un coro no solo mejora las habilidades vocales de los estudiantes, sino que también fomenta la disciplina, la responsabilidad y el trabajo en equipo. A medida que el coro avance en sus ensayos, se pueden organizar presentaciones durante las Misas escolares o en eventos especiales, como Navidad, Semana Santa o celebraciones de santos. Estas presentaciones refuerzan la importancia del canto como parte de la celebración de la fe.

3. **El canto litúrgico como oración**: Además de aprender los himnos, es fundamental que los estudiantes comprendan que el canto litúrgico es, ante todo, una forma de oración. Una propuesta didáctica útil es enseñarles a utilizar el canto como un momento de recogimiento y comunicación con Dios. Al iniciar o finalizar una clase de música, los niños pueden participar en un breve canto, seguido de un momento de silencio para reflexionar sobre las palabras cantadas.

Esta actividad no solo fortalece la dimensión espiritual de los estudiantes, sino que también les enseña a valorar el poder de la música como vehículo para la oración y la alabanza. La repetición de esta práctica a lo largo del año escolar crea un hábito que los niños pueden llevar consigo más allá de la escuela.

3. Integración de instrumentos musicales en la enseñanza de la espiritualidad

El uso de instrumentos musicales en el aula ofrece una excelente oportunidad para explorar la dimensión espiritual de la música de manera práctica y creativa. Enseñar a los estudiantes a tocar instrumentos, además de enriquecer sus habilidades musicales, puede vincularse con la creación de momentos de oración y meditación a través de la música.

1. **Instrumentos sencillos para la liturgia**: En el contexto de la educación primaria, el uso de instrumentos sencillos como tambores, triángulos, flautas o xilófonos puede ayudar a los niños a participar activamente en la música litúrgica. Una propuesta didáctica es asignar a los estudiantes diferentes instrumentos para acompañar los cantos durante las celebraciones litúrgicas escolares.

Por ejemplo, se puede enseñar a los niños a tocar ritmos básicos que acompañen los himnos durante la Misa escolar o las oraciones comunitarias. Estos pequeños aportes instrumentales permiten a los niños no solo aprender sobre el ritmo y la coordinación, sino también sentir que están contribuyendo a la belleza de la celebración litúrgica.

2. **Creación de "momentos de meditación musical"**: La música instrumental también puede ser utilizada para crear momentos de meditación en el aula. Una propuesta es organizar sesiones de improvisación musical donde los estudiantes utilicen instrumentos para generar ambientes de meditación y reflexión espiritual. Esta actividad puede comenzar con una breve lectura bíblica o una oración, seguida de una improvisación instrumental suave.

Durante la improvisación, los estudiantes son alentados a crear sonidos que reflejen los sentimientos y pensamientos evocados por la lectura. Este ejercicio no solo estimula la creatividad, sino que también ayuda a los niños a expresar sus emociones espirituales de manera no verbal. Al finalizar, se puede invitar a los estudiantes a compartir cómo la música les ayudó a conectarse con Dios o a reflexionar sobre algún aspecto de su vida espiritual.

3. **Talleres de creación musical con enfoque espiritual**: Otra propuesta es organizar talleres donde los estudiantes puedan componer sus propias piezas musicales con un enfoque espiritual. Estos talleres pueden llevarse a cabo a lo largo del año escolar, con el objetivo de crear una canción o pieza instrumental para un evento específico, como la celebración de la Navidad o la Pascua.

Los estudiantes pueden trabajar en pequeños grupos para componer melodías y letras que reflejen un tema espiritual, como el amor de Dios, la fe o la gratitud. Los maestros pueden guiar este proceso proporcionando ejemplos de canciones litúrgicas y explicando cómo las melodías y los acordes pueden evocar diferentes emociones. Este tipo de proyecto no solo fortalece las habilidades musicales de los niños, sino que también les ofrece una experiencia profunda de reflexión y creación en torno a su fe.

4. La música como medio para celebrar el calendario litúrgico

El calendario litúrgico ofrece numerosas oportunidades para integrar la música en las celebraciones escolares. Las festividades importantes como Navidad, Pascua, Pentecostés, y las solemnidades de santos son momentos ideales para que los estudiantes vivan la fe de una manera activa y significativa a través de la música.

1. **Proyectos musicales en torno a las festividades litúrgicas**: Cada festividad del calendario litúrgico tiene su propio carácter espiritual, lo que permite planificar proyectos musicales específicos para esas celebraciones. Por ejemplo, durante el Adviento, se puede organizar un proyecto de villancicos en el que los estudiantes preparen

un repertorio de canciones tradicionales y modernas para presentarlas en una celebración escolar o parroquial.

De manera similar, para la Semana Santa, los estudiantes pueden aprender cantos solemnes que acompañen el Vía Crucis o las celebraciones del Triduo Pascual. La preparación de estos cantos ofrece una oportunidad para que los estudiantes profundicen en el significado de cada festividad, entendiendo el contexto teológico y espiritual de los eventos que celebran. A través de la música, las festividades litúrgicas cobran vida en la experiencia de los niños.

2. **Creación de himnos y canciones originales para festividades específicas**:
   Otra propuesta innovadora es invitar a los estudiantes a componer himnos o canciones originales para alguna festividad. Por ejemplo, se podría pedir a los niños que escriban una canción para la Fiesta de Todos los Santos, destacando las virtudes de algunos santos a través de la letra. Esta actividad no solo fomenta la creatividad, sino que también ayuda a los estudiantes a internalizar las vidas y enseñanzas de los santos que celebran.

Los himnos compuestos por los estudiantes pueden ser presentados durante una celebración escolar, brindando a los niños un sentido de orgullo por haber contribuido con su talento musical a la vida espiritual de la comunidad. Este tipo de proyecto promueve un sentido de participación activa en las tradiciones católicas.

3. **Música para la oración diaria en el aula**:
   Además de las festividades litúrgicas, la música puede incorporarse en la oración diaria. Iniciar o concluir el día escolar con una breve canción o himno es una excelente manera de establecer un ambiente espiritual. Los maestros

pueden seleccionar canciones que reflejen el tema del Evangelio del día o que acompañen el mensaje de una reflexión matutina.

Un ejercicio práctico sería enseñar a los estudiantes canciones simples que puedan entonar al comienzo de cada día, seguidas de un momento de silencio y reflexión. Esta rutina diaria no solo refuerza el sentido de comunidad, sino que también ayuda a los estudiantes a empezar el día conectados con su fe y su espiritualidad.

5. Uso de recursos tecnológicos para la enseñanza musical y espiritual

La incorporación de tecnologías digitales en el aula ha revolucionado la enseñanza, y la música no es una excepción. Integrar herramientas tecnológicas puede hacer que el aprendizaje musical sea más accesible, interactivo y motivador para los estudiantes, especialmente cuando se trata de un enfoque espiritual.

1. **Aplicaciones musicales y plataformas digitales**: Existen muchas aplicaciones y plataformas diseñadas específicamente para enseñar música a niños de manera lúdica y eficaz. Estas herramientas permiten a los estudiantes practicar la lectura de partituras, el reconocimiento de notas, el ritmo y la teoría musical a su propio ritmo. Al integrar el uso de aplicaciones que incluyen repertorios de cantos litúrgicos y religiosos, los niños pueden profundizar en su aprendizaje tanto en el aula como en casa.

Una propuesta didáctica es utilizar plataformas como **Chrome Music Lab** o **Flat.io**, donde los estudiantes pueden componer canciones sencillas y compartirlas con sus compañeros. Estas composiciones pueden inspirarse en temas espirituales, como la creación de canciones que expresen valores cristianos como el amor, la justicia o la solidaridad. Las tecnologías no solo mejoran las habilidades técnicas, sino que también permiten que los estudiantes creen música con un propósito espiritual.

2. **Grabaciones y análisis de música litúrgica**: El uso de grabaciones de alta calidad de música litúrgica puede ser una excelente manera de analizar y estudiar los diferentes estilos musicales dentro del repertorio eclesial. Los estudiantes pueden escuchar diferentes interpretaciones de un himno o canto gregoriano, analizando los elementos que componen la pieza (melodía, ritmo, armonía) y cómo estos aspectos reflejan la solemnidad y espiritualidad del contexto litúrgico.

Una actividad práctica es la creación de un "diario de escucha", donde los estudiantes registran sus impresiones y reflexiones sobre las piezas que escuchan. Se les puede pedir que describan cómo les hizo sentir la música y qué mensaje espiritual creen que transmite. Este tipo de análisis fomenta la capacidad crítica y permite a los niños conectar el arte musical con su experiencia personal de la fe.

3. **Creación de podcasts o grabaciones comunitarias**: Otra propuesta es involucrar a los estudiantes en la creación de un podcast o grabaciones de audio en las que expliquen el significado de los cantos que están aprendiendo o compartan sus reflexiones sobre la espiritualidad en la

música. Esta actividad combina habilidades tecnológicas con la creatividad y el pensamiento crítico.

Los estudiantes pueden grabar episodios donde discutan el origen de un canto litúrgico, su estructura musical y su importancia en la liturgia católica. También pueden entrevistar a miembros de la comunidad escolar o parroquial sobre su relación con la música espiritual. Este tipo de proyecto fortalece la conexión entre la música, la espiritualidad y la comunidad, y permite que los estudiantes vean cómo su aprendizaje puede tener un impacto más allá del aula.

6. Evaluación del aprendizaje musical y espiritual en el aula

Evaluar el aprendizaje en la educación musical, especialmente cuando se integra con aspectos espirituales, requiere un enfoque que vaya más allá de las competencias técnicas. Es importante evaluar no solo las habilidades musicales adquiridas, sino también cómo los estudiantes interiorizan y aplican los valores espirituales a través de la música.

1. **Evaluación continua y reflexiva**: Una de las mejores maneras de evaluar el progreso de los estudiantes en su aprendizaje musical y espiritual es mediante la evaluación continua. Esto significa que el maestro observa y toma nota del desarrollo del estudiante a lo largo del curso, en lugar de limitar la evaluación a un único examen o presentación.

Para la dimensión espiritual, se pueden incorporar momentos de reflexión personal, donde los estudiantes escriben o discuten cómo una canción o actividad musical les ayudó a entender mejor algún aspecto de su fe o valores cristianos. Esta reflexión puede ser registrada en un "diario espiritual" que los estudiantes completen regularmente después de las clases. De esta manera, la evaluación no solo se centra en las habilidades musicales, sino también en el crecimiento espiritual de los estudiantes.

2. **Autoevaluación y coevaluación en la música**: Fomentar la autoevaluación y la coevaluación en el aula de música permite a los estudiantes reflexionar críticamente sobre su propio trabajo y el de sus compañeros. Después de una presentación o ejercicio musical, los estudiantes pueden ser invitados a evaluarse a sí mismos en aspectos como la entonación, el ritmo, la participación y la expresividad espiritual.

Asimismo, la coevaluación —donde los compañeros evalúan a otros— ayuda a desarrollar un sentido de responsabilidad compartida y respeto mutuo. En el contexto espiritual, la coevaluación puede incluir preguntas como: "¿Crees que esta canción nos ayudó a sentirnos más conectados con Dios?" o "¿Cómo podemos mejorar para que nuestra música transmita mejor el mensaje de amor cristiano?". Estas preguntas ayudan a mantener el enfoque espiritual en el proceso de aprendizaje.

3. **Evaluación mediante presentaciones en la comunidad**: Las presentaciones musicales en eventos escolares o parroquiales son una forma integral de evaluación. A través de estas presentaciones, los estudiantes tienen la oportunidad de mostrar lo que han aprendido en un entorno real, lo que les da un sentido de propósito y les permite experimentar el impacto de su música en la comunidad.

Para que estas presentaciones sean evaluadas de manera completa, el maestro puede observar no solo la calidad técnica de la actuación, sino también el compromiso espiritual demostrado por los estudiantes. Se pueden hacer preguntas de evaluación como: "¿Transmitieron el mensaje espiritual que buscaban a través de su música?" o "¿Qué aprendieron sobre la fe y la comunidad durante esta presentación?". Estas evaluaciones pueden incluir tanto observaciones del maestro como retroalimentación de los espectadores, para ofrecer una visión completa del impacto de la música.

Conclusión del capítulo

Este capítulo ha presentado una variedad de propuestas didácticas que integran la música y la espiritualidad en la educación primaria. A través de enfoques como el canto litúrgico, el uso de instrumentos, la tecnología y la evaluación reflexiva, los estudiantes no solo desarrollan sus habilidades musicales, sino que también profundizan en su fe católica y su vida espiritual. Estas propuestas ofrecen un camino para que la música se convierta en una herramienta poderosa para la formación integral de los estudiantes, ayudándolos a crecer tanto en el ámbito académico como en el espiritual.

Conclusión

La educación musical en la escuela primaria es una herramienta valiosa no solo para el desarrollo cognitivo y artístico de los niños, sino también para su formación espiritual y moral. A lo largo de este libro, hemos explorado cómo la música puede integrarse con éxito en la enseñanza de la fe católica, promoviendo valores, espiritualidad y un sentido profundo de comunidad. La música, como expresión artística y espiritual, ofrece una puerta de entrada única a la vivencia de la fe en los niños. Al unir el poder transformador de la música con los principios del cristianismo, los educadores pueden proporcionar a los estudiantes una experiencia educativa rica y significativa, tanto a nivel emocional como espiritual.

En este libro hemos abordado diferentes dimensiones de la educación musical en el contexto de una escuela católica, desde sus fundamentos teóricos hasta propuestas prácticas que permiten a los maestros aplicar lo aprendido de manera efectiva en el aula. La música, cuando se enseña con un propósito espiritual, tiene el poder de tocar el alma de los niños, ayudándoles a descubrir un espacio de encuentro con Dios y con la comunidad que les rodea.

La importancia de la música en la formación integral de los niños

Uno de los temas recurrentes en este libro ha sido la importancia de la música en el desarrollo integral de los niños. Sabemos que la música tiene un impacto significativo en el desarrollo cognitivo, emocional y social. No obstante, cuando se vincula con la enseñanza de la fe, la música adquiere una dimensión aún más profunda. Se convierte en un medio para transmitir valores cristianos, como la compasión, el amor y la solidaridad, y para ayudar a los estudiantes a conectarse con su propia espiritualidad y con la de los demás.

La música estimula el cerebro de maneras únicas, promoviendo el desarrollo del lenguaje, la memoria y el pensamiento crítico. Además, la práctica musical en el aula fomenta habilidades como la escucha atenta, la concentración y el trabajo en equipo, competencias esenciales en el ámbito educativo. Pero más allá de sus beneficios cognitivos, la música también permite a los niños expresar sus emociones de manera creativa y descubrir nuevas formas de experimentar el mundo que los rodea.

En el contexto de una educación basada en los principios del catolicismo, la música se convierte en una forma poderosa de enseñar a los niños sobre la importancia de la fe en su vida cotidiana. A través del canto, la oración musical y la interpretación de piezas litúrgicas, los estudiantes no solo desarrollan habilidades musicales, sino que también se sumergen en el misterio y la belleza de la fe. La música los acompaña en momentos importantes de su vida espiritual, creando recuerdos y experiencias que los marcarán profundamente.

El vínculo entre música y espiritualidad

En cada capítulo de este libro hemos analizado la relación íntima entre la música y la espiritualidad, especialmente en el contexto de la educación católica. El canto, la creación musical y la interpretación de himnos litúrgicos no son meras actividades artísticas; son formas de oración que permiten a los estudiantes entrar en contacto con su dimensión espiritual.

El canto litúrgico, por ejemplo, ha jugado un papel fundamental en la tradición de la Iglesia Católica desde sus inicios. Los cantos gregorianos, los himnos tradicionales y las canciones contemporáneas son medios a través de los cuales los fieles expresan su fe y alabanza a Dios. Al enseñar a los niños estos cantos, no solo estamos preservando una tradición milenaria, sino que también les estamos proporcionando una herramienta para su propia oración y reflexión.

Este vínculo entre música y espiritualidad se puede ver claramente en las actividades que hemos propuesto a lo largo del libro. Desde la creación de coros escolares litúrgicos hasta la improvisación musical con un enfoque espiritual, cada actividad está diseñada para ayudar a los estudiantes a vivir su fe de manera activa y significativa. La música les permite exteriorizar lo que sienten en su interior, ya sea alegría, gratitud, esperanza o incluso tristeza y arrepentimiento. Les ofrece un lenguaje que trasciende las palabras, un lenguaje que les conecta con lo divino.

La música como herramienta de enseñanza en la catequesis

La catequesis, como parte esencial de la formación religiosa, también puede beneficiarse enormemente del uso de la música. Hemos visto cómo la enseñanza de himnos y cantos religiosos puede complementar las lecciones de catequesis, ayudando a los niños a recordar los principios de la fe de una manera más interactiva y placentera. Los cantos que aprendemos en la infancia suelen permanecer con nosotros a lo largo de la vida, y pueden ser una fuente de consuelo y fortaleza en momentos de necesidad.

La enseñanza de la música, cuando se vincula con la catequesis, puede ser particularmente efectiva para transmitir conceptos teológicos complejos de una manera más accesible. Un himno puede enseñar sobre la Trinidad, la Eucaristía o el amor de Dios de manera que los niños puedan entender y recordar. Además, las actividades musicales en el contexto de la catequesis promueven la participación activa de los estudiantes, lo que refuerza su compromiso con la lección y aumenta su capacidad para retener la información.

El papel de la comunidad en la educación musical y espiritual

Otro aspecto fundamental que hemos explorado en este libro es el papel de la comunidad en la educación musical y espiritual. La música es una actividad profundamente social, y al enseñarla en el contexto de una escuela católica, los maestros tienen la oportunidad de fomentar un sentido de pertenencia y comunidad entre los estudiantes.

Al formar coros escolares o al participar en eventos litúrgicos como la Misa o las celebraciones de santos, los niños aprenden a colaborar y a contribuir al bienestar espiritual de la comunidad. La música tiene el poder de unir a las personas, y cuando los estudiantes cantan juntos, no solo están creando una obra de arte, sino que también están fortaleciendo los lazos entre ellos y con la Iglesia.

Las presentaciones musicales, los festivales y las celebraciones litúrgicas ofrecen a los estudiantes oportunidades para compartir su fe y sus talentos con la comunidad. Estos eventos no solo enriquecen la vida espiritual de la escuela y la parroquia, sino que también brindan a los niños un sentido de logro y de conexión con algo más grande que ellos mismos. A través de la música, los estudiantes aprenden que son parte de una comunidad de fe que los apoya y los valora.

La creatividad como forma de acercarse a Dios

Una de las ideas más poderosas que hemos explorado en este libro es que la creatividad musical es una forma de acercarse a Dios. Al crear música, los estudiantes están participando en un acto de creación que refleja, en pequeña medida, el acto creador de Dios. Ya sea a través de la composición de una canción, la improvisación de una pieza instrumental o la interpretación de un himno, los niños están utilizando los dones que Dios les ha dado para expresar su fe y su amor.

La creatividad musical fomenta el pensamiento original y la exploración personal, dos elementos clave en el desarrollo espiritual. A medida que los estudiantes experimentan con diferentes sonidos, ritmos y melodías, también están explorando diferentes aspectos de su fe. La música les brinda un espacio seguro para hacer preguntas, expresar dudas y encontrar respuestas a través de la belleza de la creación musical.

En el contexto de la educación católica, la creatividad no es solo un medio para mejorar las habilidades técnicas de los estudiantes, sino que es una herramienta espiritual que les permite explorar su relación con Dios de manera profunda y personal. La creatividad es un don divino que, cuando se nutre adecuadamente, puede llevar a los estudiantes a una mayor comprensión de sí mismos y de su lugar en el mundo.

El futuro de la música y la espiritualidad en la educación católica

Finalmente, es importante reflexionar sobre el futuro de la música en la educación católica. En un mundo cada vez más secularizado, la música puede ser un puente que ayude a los niños a mantenerse conectados con su fe y con la comunidad de creyentes. Las escuelas católicas tienen la responsabilidad de seguir ofreciendo una educación musical de calidad que no solo forme buenos músicos, sino también buenos cristianos.

El desafío para los educadores es mantenerse actualizados con las nuevas tendencias y tecnologías musicales, sin perder de vista los valores y principios fundamentales de la fe. La integración de la música y la espiritualidad en el aula no es una tarea fácil, pero los frutos que produce son inmensurables. Los niños que aprenden a cantar, tocar y componer música con un enfoque espiritual desarrollan una relación más profunda con su fe y con la comunidad que los rodea.

Este libro ha ofrecido un conjunto de herramientas, ideas y reflexiones para aquellos que buscan integrar la música y la espiritualidad en la educación primaria católica. Al hacerlo, hemos visto cómo la música puede transformar no solo las habilidades musicales de los estudiantes, sino también sus corazones y almas. A medida que los educadores sigan aplicando estas enseñanzas, la música continuará siendo un vehículo poderoso para el crecimiento espiritual y humano de las nuevas generaciones.

Bibliografía

- **Alonso, J. A.** (2010). *La música en la liturgia católica: Un puente hacia lo sagrado*. Editorial Verbo Divino.

- **Benedicto XVI** (2007). *El espíritu de la liturgia: Una introducción*. Ediciones Encuentro.

- **Berger, T.** (2005). *The Sacred Power of Music: A Liturgical Theology of Music*. The Liturgical Press.

- **Blanco, M.** (2012). *Pedagogía musical para niños: Enfoques y estrategias en la educación primaria*. Editorial Síntesis.

- **Boff, L.** (1997). *La música y la teología de la liberación: Una aproximación pedagógica*. Sal Terrae.

- **Bosch, M.** (2003). *El canto gregoriano en la tradición litúrgica: Un estudio histórico y práctico*. Editorial Liturgia.

- **Casanova, L.** (2018). *La música en la formación espiritual de los niños: Experiencias y metodologías en la escuela católica*. Editorial PPC.

- **Cox, A.** (2006). *Shaping Sound: Music, Pedagogy, and Christian Formation*. Oxford University Press.

- **DeNora, T.** (2000). *Music in Everyday Life*. Cambridge University Press.

- **Dunn, C.** (2010). *Music, Theology, and Justice: Ethical Insights for the Faith Community*. Westminster John Knox Press.

- **García, M.** (2016). *Educación religiosa y música: Recursos didácticos para el aula católica*. Ediciones Paulinas.

- **Gelineau, J.** (1997). *Música y oración: La función de la música en la liturgia católica contemporánea*. Ediciones Sígueme.

- **Gómez, P.** (2014). *Educación musical y desarrollo integral del niño: El papel de la música en la formación de valores*. Editorial Narcea.

- **González, A.** (2015). *Música y evangelización: La importancia de los cantos litúrgicos en la transmisión de la fe*. Ediciones Cristiandad.

- **Haughton, R.** (2008). *Teaching Music, Teaching Faith: Music as a Means of Catechesis*. Paulist Press.

- **Hernández, L.** (2019). *La educación musical desde una perspectiva cristiana: Reflexiones y propuestas prácticas*. Editorial PPC.

- **John Paul II** (1999). *Letter to Artists*. Vatican Publishing House.

- **Kroeker, C.** (2011). *Sounding the Depths: Music in Christian Life and Thought*. Wipf and Stock.

- **Levitin, D. J.** (2006). *This is Your Brain on Music: The Science of a Human Obsession*. Penguin Group.

- **López, J. R.** (2013). *Catequesis y música: Estrategias pedagógicas para enseñar la fe a través del arte musical*. Ediciones San Pablo.

- **Martínez, P.** (2017). *Cantos para el alma: El poder sanador de la música en la educación espiritual*. Editorial Claret.

- **Meyer, L. B.** (2009). *Emotion and Meaning in Music*. University of Chicago Press.

- **Otaola, M. A.** (2012). *La música en la Iglesia: Historia, liturgia y espiritualidad*. Editorial Herder.

- **Palacios, J. A.** (2010). *Música y catequesis: Fundamentos bíblicos y pedagógicos para una educación musical en la fe*. Ediciones Trinitarias.

- **Pastoral Music** (2007). *Music in Catholic Worship: Guidelines for Liturgical Music*. US Conference of Catholic Bishops.

- **Pérez, A.** (2004). *La música en la escuela: Propuestas didácticas para una educación integral en la infancia*. Editorial Graó.

- **Quinn, J.** (2013). *Music and the Catholic Church: Practices, Perspectives, and Proposals*. Wipf and Stock.

- **Ramos, C.** (2011). *Espiritualidad y música en la liturgia: Cómo acercar a los niños a Dios a través del canto*. Editorial CCS.

- **Ratzinger, J.** (2009). *El espíritu de la música litúrgica: Reflexiones sobre la fe y la belleza*. Ediciones Cristiandad.

- **Roszak, T.** (2007). *Music and Mysticism: A Study of Religious Experience through Sound*. Routledge.

- **Ruiz, F.** (2015). *La música en la catequesis infantil: Estrategias para integrar la fe en la enseñanza musical.* Ediciones Sígueme.

- **San Martín, J.** (2018). *Música y mística: Cómo la música puede guiar la vida espiritual de los niños.* Editorial PPC.

- **Sánchez, M.** (2001). *La liturgia y la música en la tradición cristiana: Historia, desarrollo y actualidad.* Editorial Verbo Divino.

- **Schneider, E.** (2016). *Music as Prayer: The Role of Music in Christian Worship and Devotion.* Wipf and Stock.

- **Soto, C.** (2014). *Música y oración en la educación católica: Herramientas pedagógicas para la formación espiritual de los niños.* Editorial Claret.

- **Vaticano II** (1963). *Constitución sobre la Sagrada Liturgia: Sacrosanctum Concilium.* Vatican Press.

- **Velázquez, F.** (2015). *La música en la catequesis de la Iglesia: Un enfoque pedagógico y pastoral.* Ediciones Paulinas.

- **Villalba, R.** (2019). *La música en la fe cristiana: Reflexiones teológicas y pastorales.* Ediciones San Pablo.

- **Ward, C.** (2003). *Music and the Christian Mind: Developing a Theological Perspective on Music Education.* Zondervan.

- **Westermeyer, P.** (2006). *Teología de la música en la tradición cristiana: De los salmos a los himnos.* Wipf and Stock.

- **Aubert, J.** (1994). La música en la espiritualidad cristiana: Historia y significado. Editorial Sígueme.

- **Baker, M.** (2001). Music in the Church: The Role of Music in the Spiritual Formation of Children. Westminster John Knox Press.

- **Berryman, J. W.** (1991). Godly Play: Teaching God's Children in a Catholic Setting. Morehouse Publishing.

- **Bignami, L.** (2010). Música sacra y catequesis: Propuestas educativas para una enseñanza integral. Editorial San Pablo.

- **Boulton, M.** (2008). Songs of the Spirit: Music in Christian Formation and Worship. Eerdmans Publishing.

- **Briggs, S.** (2013). Singing the Faith: The Role of Sacred Music in Religious Education. Ashgate Publishing.

- **Calleja, J.** (2007). Educación musical y espiritualidad: Estrategias para el desarrollo integral en la escuela católica. Narcea Ediciones.

- **Campbell, P.** (2015). Teaching Music Globally: Experiencing Music, Expressing Culture. Oxford University Press.

- **Cardona, L.** (2012). La música como medio para la evangelización infantil: Un enfoque práctico en el aula católica. Ediciones PPC.

- **Carreras, J.** (1996). Música y Liturgia: Un análisis de la función de la música en la adoración cristiana. Ediciones Liturgia.

- **Cipriani, M.** (2011). La educación musical en la tradición católica: Un puente entre fe y cultura. Ediciones Cristiandad.

- **Conesa, F.** (2013). La música religiosa en la escuela: Un recurso pedagógico para la formación en la fe. Editorial CCS.

- **Cook, T.** (2001). Catholic Schools, Faith, and Music Education: Toward a Pedagogical Theology of Music. The Liturgical Press.

- **Dalmau, J.** (2019). Formación integral a través de la música litúrgica: Teoría y práctica educativa. Sal Terrae.

- **Davies, M.** (2008). The Role of Music in Religious Experience: A Theological Exploration. Cambridge Scholars Publishing.

- **De la Torre, R.** (2002). La música y los sacramentos: Un estudio litúrgico-teológico. Editorial San Esteban.

- **Díez, A.** (2015). Música y espiritualidad en la educación religiosa: Propuestas pedagógicas en la enseñanza primaria. Ediciones PPC.

- **Escudero, J.** (1999). La música como lenguaje espiritual: Introducción a la música sacra para educadores católicos. Editorial Claret.

- **Foley, E.** (1995). From Age to Age: How Christians Have Celebrated the Eucharist. Liturgical Press.

- **Gallagher, P.** (2016). Música y mística en la Iglesia católica: Una guía para la enseñanza religiosa. Editorial San Pablo.

- **Gelineau, J.** (2002). Cantos litúrgicos: Guía práctica para su uso en la enseñanza y la liturgia. Ediciones Sígueme.

- **Giordano, A.** (2004). El arte de educar a través de la música: Un enfoque católico para la formación espiritual de los niños. Ediciones Encuentro.

- **Hart, T.** (1998). This is the Night: A History of the Easter Vigil and Liturgical Renewal. Liturgical Press.

- **Hernández, M.** (2011). Cantos de fe: Cómo integrar la música religiosa en la educación primaria católica. Editorial San Pablo.

- **Hymel, A.** (2010). Liturgical Music and the Liturgy of the Hours: Theory and Practice for Catholic Schools. Paulist Press.

- **Ibarra, J.** (2013). Música y fe en el aula: Guía para maestros de educación primaria en la escuela católica. Ediciones Paulinas.

- **Joubert, L.** (2017). Music and Spirituality in Catholic Education: Teaching the Soul through Sound. Ignatius Press.

- **Kelly, T.** (2009). The Sound of Faith: Exploring Music as a Means of Teaching Catholic Doctrine and Practice. Loyola Press.

- **Kirby, J.** (2006). The Arts and Catholic Education: The Integration of Music into Religious Formation. Crossroad Publishing.

- **López, D**. (2001). La importancia de la música sacra en la catequesis infantil: Propuestas didácticas para el aula católica. Editorial PPC.

- **Mainwaring, R.** (2013). The Beauty of Holiness: Music in Christian Worship and Formation. Eerdmans Publishing.

- **Montoya, P.** (2008). Pedagogía de la música en la enseñanza religiosa: Cómo usar el canto litúrgico en el aula. Ediciones Claret.

- **Muñoz, S.** (2014). La música y la experiencia de Dios: Reflexiones teológicas sobre el canto en la catequesis infantil. Ediciones Trinitarias.

- **Navarro, A.** (2007). Música y desarrollo espiritual: Guía para educadores católicos en la enseñanza primaria. Ediciones PPC.

- **Nolla, G.** (2019). Educación en valores a través de la música litúrgica: Enfoques didácticos para la formación religiosa. Ediciones Paulinas.

- **O'Brien, E.** (2005). Singing the Sacred: Music as Catechesis in Catholic Primary Schools. Liturgical Press.

- **Olivares, C.** (2015). La música religiosa en la formación de la infancia: Estrategias pedagógicas en la escuela católica. Editorial Narcea.

- **Paredes, M.** (2012). La música como recurso pedagógico en la enseñanza de la religión católica. Ediciones Sígueme.

- **Ruiz, M.** (2018). Música, fe y comunidad: El canto litúrgico en la formación espiritual de los niños. Sal Terrae.

- **Schweizer, B.** (2010). Music in Catholic Worship: Guidelines for Integrating Sacred Music into Religious Education. Pauline Books.